Alle Boni, Neuigkeiten und Updates zu unseren Büchern erhältst du hier:

Scanne den QR-Code und erfahre, welche Überraschung dich erwartet!

WWW.KIND-MITMACHBUCH.DE

KIND
MITMACHBUCH

Dieses Buch gehört:

Klebe hier dein Porträtbild rein

Willkommen in der aufregenden Welt der Feinmotorik-Entwicklung mit Mark und Jack!

Gemeinsam entdecken sie jeden spannenden Ort um sich herum und erleben jeden Tag voller Wunder und neuer Dinge zum Lernen.

Aber eines Tages, während einer ihrer Exkursionen, stießen Mark und Jack auf etwas Ungewöhnliches: ein geheimnisvolles Buch, das sie auch mit dir teilen möchten.

Sie nennen dieses Buch "Schwungübungen mit Mark und Jack". Zusammen mit ihnen begibst du dich auf eine faszinierende Reise durch die Welten der Meereslebewesen, wilden Tiere, Blumen, Schmetterlinge und Bienen.

Aber das Interessanteste ist, dass jede Seite dieses Buches eine Einladung zur Entwicklung der Feinmotorik in einer fröhlichen und kreativen Form darstellt.

Bevor du die lustigen Abenteuer mit Mark und Jack beginnst, solltest du einige Details über das Buch wissen:

1

Dieses Übungsbuch ist in drei Schwierigkeitsgrade unterteilt, beginnend mit den einfachsten Aufgaben und allmählich zu den schwierigeren übergehend. Auf jeder Stufe warten neue Entdeckungen und spannende Abenteuer auf dich.

2

Die Schwierigkeit jedes Levels ist wie folgt dargestellt:

3

Bei manchen Übungen siehst du das Symbol 👉, das dir zeigt, wie du die Übungen durchführen sollst.

4

Auf jedem Level teilen Mark und Jack spannende Fakten mit dir, die mit den Tieren oder Insekten zusammenhängen, denen sie auf ihrem Abenteuer begegnen.

5

Auf jedem Level wartet nach jeder Reihe von Übungen eine Gruppe von Spielen auf dich, die zur Entspannung dienen und deine Aufmerksamkeit und Konzentration steigern.

6

Jeder Level endet mit einem Satz von 10 Tests, um die Fähigkeiten, die du während der Abenteuer mit Mark und Jack erworben hast, zu vertiefen.

Level 1

Wasserwelt

Auf diesem Level beginnen wir unser Abenteuer und erkunden die Wasserwelt.

- **Auf den Seiten 10–13:** Zeichne zusammen mit den Schildkröten gerade, horizontale, vertikale und diagonale Linien.
- **Auf den Seiten 14–17:** Übe zusammen mit den Fröschen das Zeichnen von zickzackförmigen Linien.
- **Auf den Seiten 18–22:** Lerne, wellenförmige Linien zusammen mit den Fischen zu zeichnen.
- **Auf den Seiten 23–25:** Hilf den Seepferdchen und zeichne gekrümmte Linien.
- **Auf den Seiten 26–30:** Entspannungsspiele und Aktivitäten.
- **Auf den Seiten 31–41:** 10 Übungsaufgaben zum Vertiefen deiner erworbenen Fähigkeiten.

Level 2

Die Welt der wilden Tiere

Auf diesem Level erforschen wir die wilde Natur.

- **Auf den Seiten 43-45:** Übe, Kreise zusammen mit Löwen und anderen wilden Tieren zu zeichnen.
- **Auf den Seiten 46-49:** Lerne, Dreiecke zu zeichnen.
- **Auf den Seiten 50-59:** Zeichne gekrümmte Linien nach.
- **Auf den Seiten 60-64:** Entspannungsspiele und Aktivitäten.
- **Auf den Seiten 65-75:** 10 Übungsaufgaben, um deine Fähigkeiten zu vertiefen.

Level 3

Wir kehren nach Hause zurück

- **Auf den Seiten 77-79:** Lerne, horizontale und vertikale Pfeile zu zeichnen.
- **Auf den Seiten 80-82:** Erfahre, wie man eine Schnecke und ihre spiralförmige Schale zeichnet.
- **Auf den Seiten 83-85:** Hilf Jack auf seinem Abenteuer, Blumen zu färben.
- **Seite 86:** Jack hat sich verlaufen.
- **Auf den Seiten 87-89:** Spiele mit Schmetterlingen und zeichne ihre Fluglinien nach.
- **Auf den Seiten 90-91:** Folge den Bienen
- **Seite 92:** Mark und Jack sind wieder zu Hause. Zeichne ein Bild davon.
- **Auf den Seiten 93-97:** Entspannungsspiele und Aktivitäten
- **Auf den Seiten 98-108:** 10 Übungsaufgaben zum vertiefen von erworbene Fähigkeiten.
- **Seite 110:** Eine Überraschung wartet auf dich!

Schwungübungen

Level 1

LASS UNS UNSER ABENTEUER BEGINNEN!

Wasserwelt

Schau! Es scheint, als hätte sich die Schildkröte auf dem Weg nach Hause verirrt. Hilfst du ihr, den Weg wieder zu finden?

Beginne immer am schwarzen Punkt und spure die Linie möglichst genau nach.

Meeresschildkröten sind hauptsächlich Pflanzenfresser! Sie ernähren sich von Algen, Seegras und anderen Pflanzen im Meer.

Level 1

Beginne immer am schwarzen Pfeil und spure die Linie möglichst genau nach.

Hurra! Bald wird die kleine Schildkröte ihre Mutter treffen.

Wusstest du, dass Meeresschildkröten sehr alt werden können? Einige Arten können über 100 Jahre alt werden! Außerdem sind sie erstaunliche Schwimmer und können Tausende von Kilometern im Ozean zurücklegen, um Nahrung zu finden oder ihre Nistplätze zu erreichen.

Einige Fische können fliegen! Fliegender Fisch gleiten durch die Luft mit ihren Brustflossen wie Flügel.

Level 1

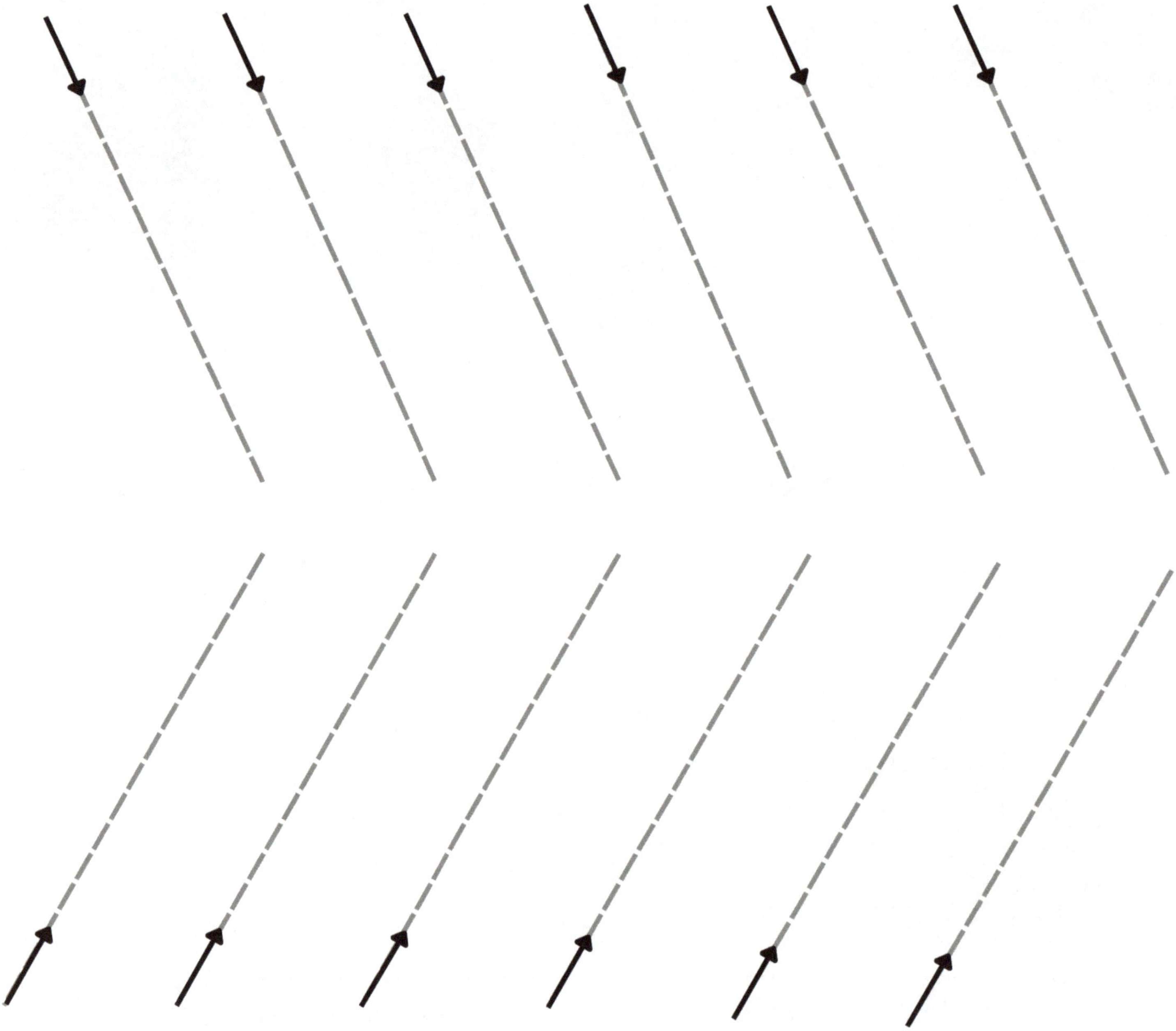

Beginne immer am schwarzen Pfeil und spure die Linie möglichst genau nach.

Einige Frösche können an Land und im Wasser leben und atmen durch ihre Haut.

Level 1

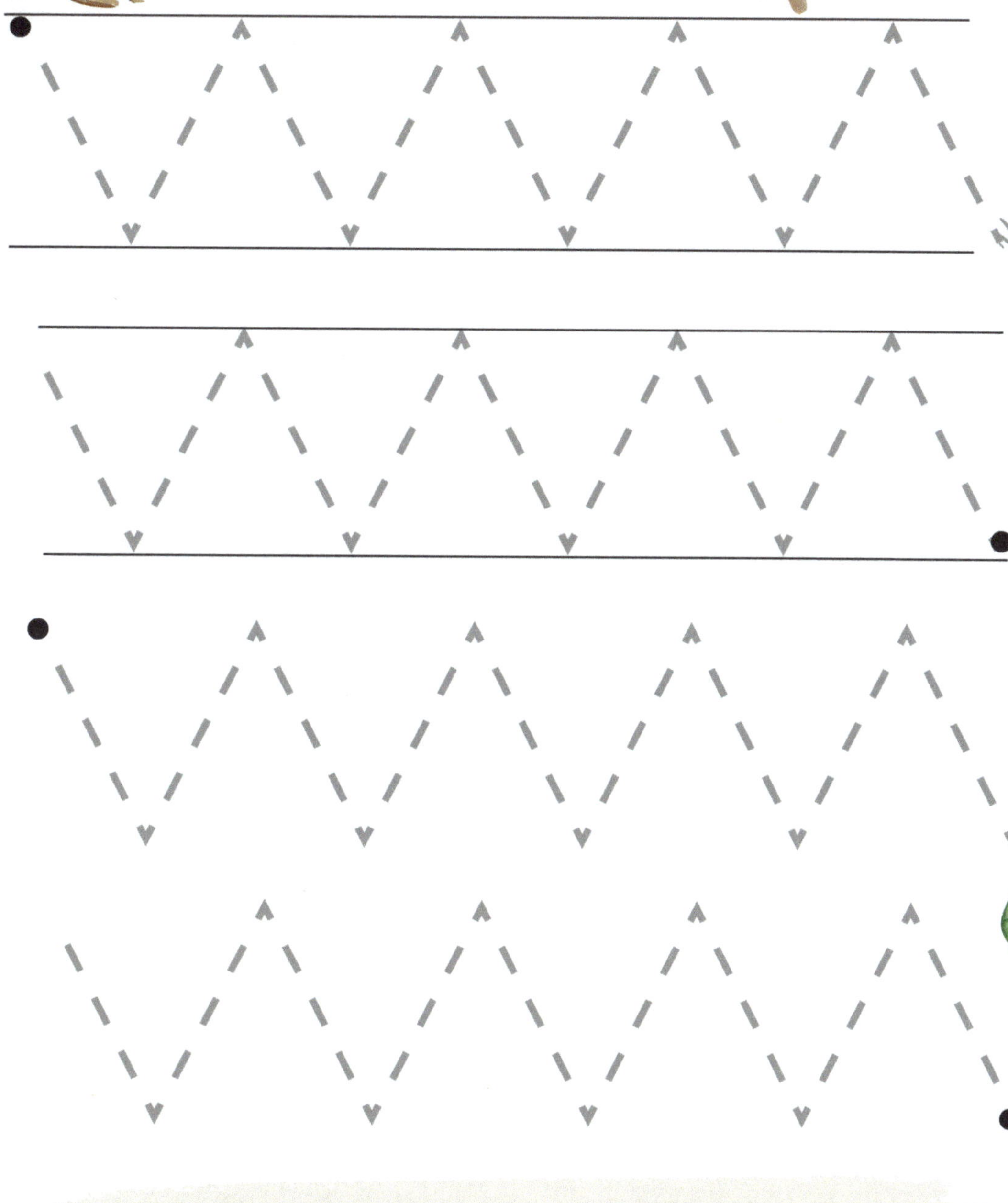

Beginne immer am schwarzen Punkt und spure die Linie möglichst genau nach.

Level 1

Frösche können ihre Augen bewegen, um unabhängig voneinander in verschiedene Richtungen zu schauen.

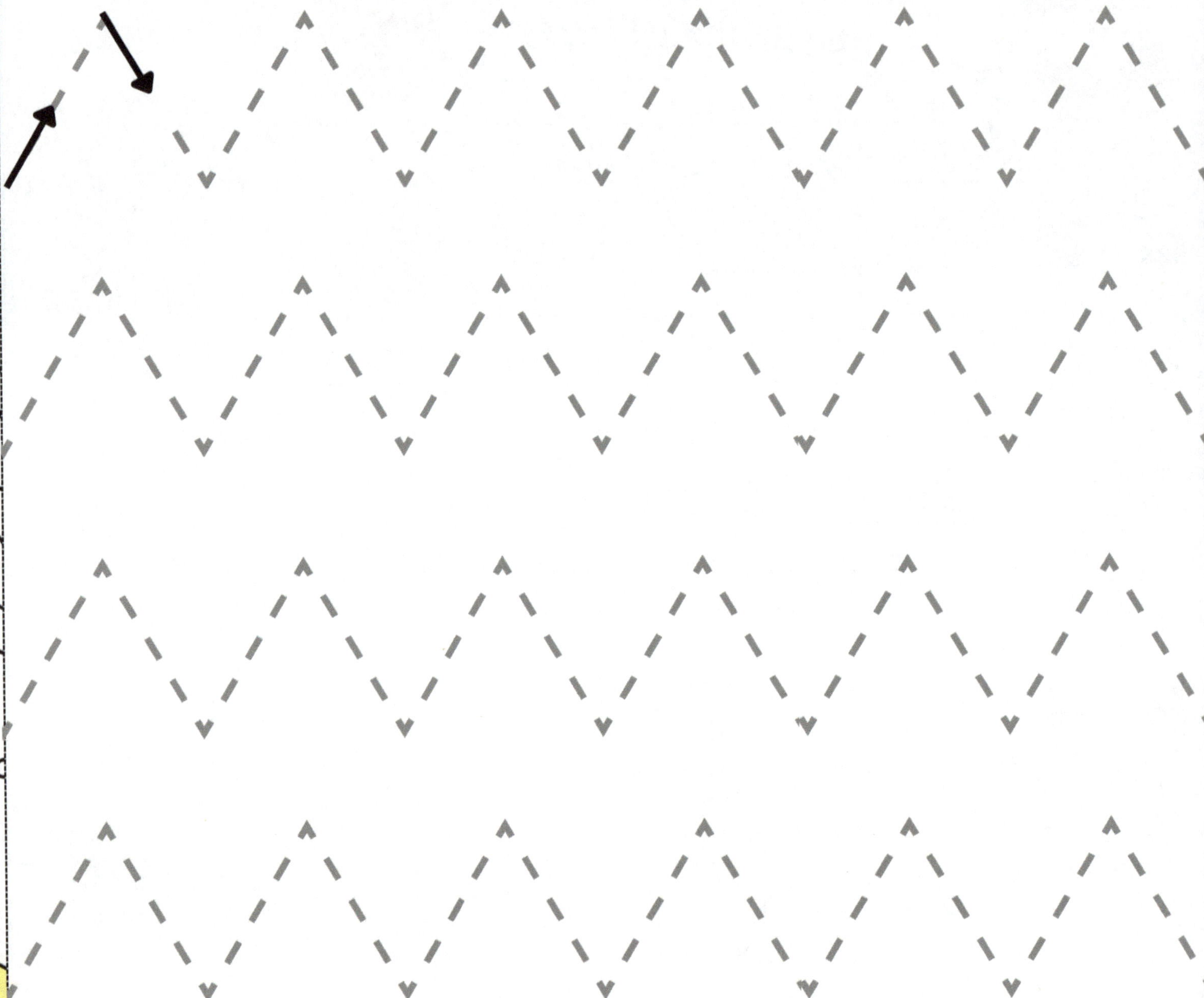

Beginne immer am schwarzen Pfeil und spure die Linie möglichst genau nach.

Level 1

Manche Frösche ändern ihre Farbe je nach Umgebung, um sich vor Feinden zu tarnen.

Die Zunge eines Frosches ist am vorderen Teil seines Mundes befestigt und kann sich blitzschnell nach hinten bewegen, um Beute zu fangen. Er ist lang, klebrig und kann mehrere Zentimeter weit ausstrecken.

Übung macht den Meister! Du machst es richtig gut!

Level 1

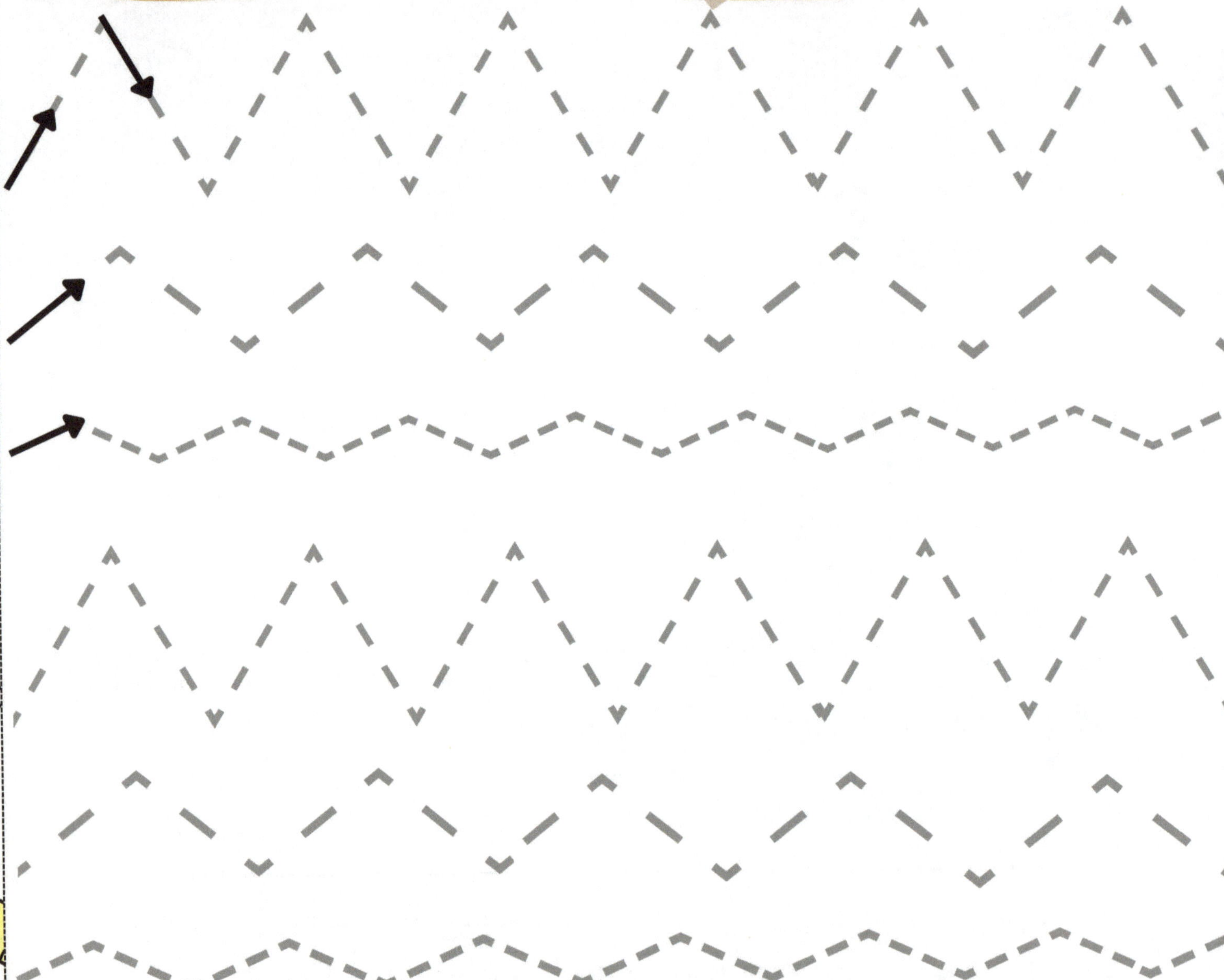

Beginne immer am schwarzen Pfeil und spure die Linie möglichst genau nach.

Diese süßen Fische schwimmen hoch und runter wie auf einem Karussell. Spure die Wellen nach!

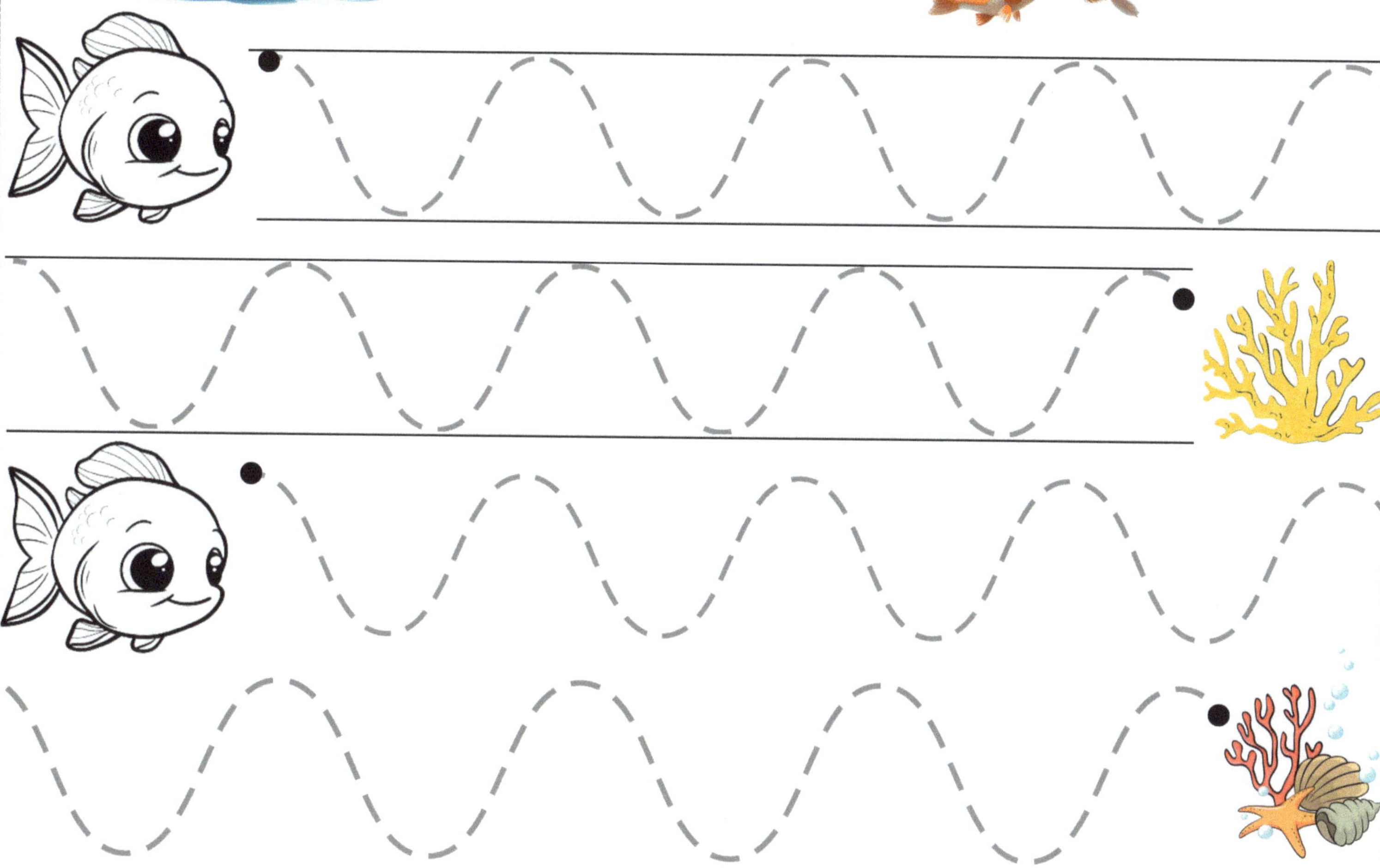

Wusstest du, dass manche Fische sich merken können, wie sie Hindernisse überwinden oder Futter finden? Sie haben ein super Gedächtnis und können sich lange an Orte, Gerüche und sogar Menschen erinnern!

Level 1

Zeichne die Wellen von links nach rechts nach.

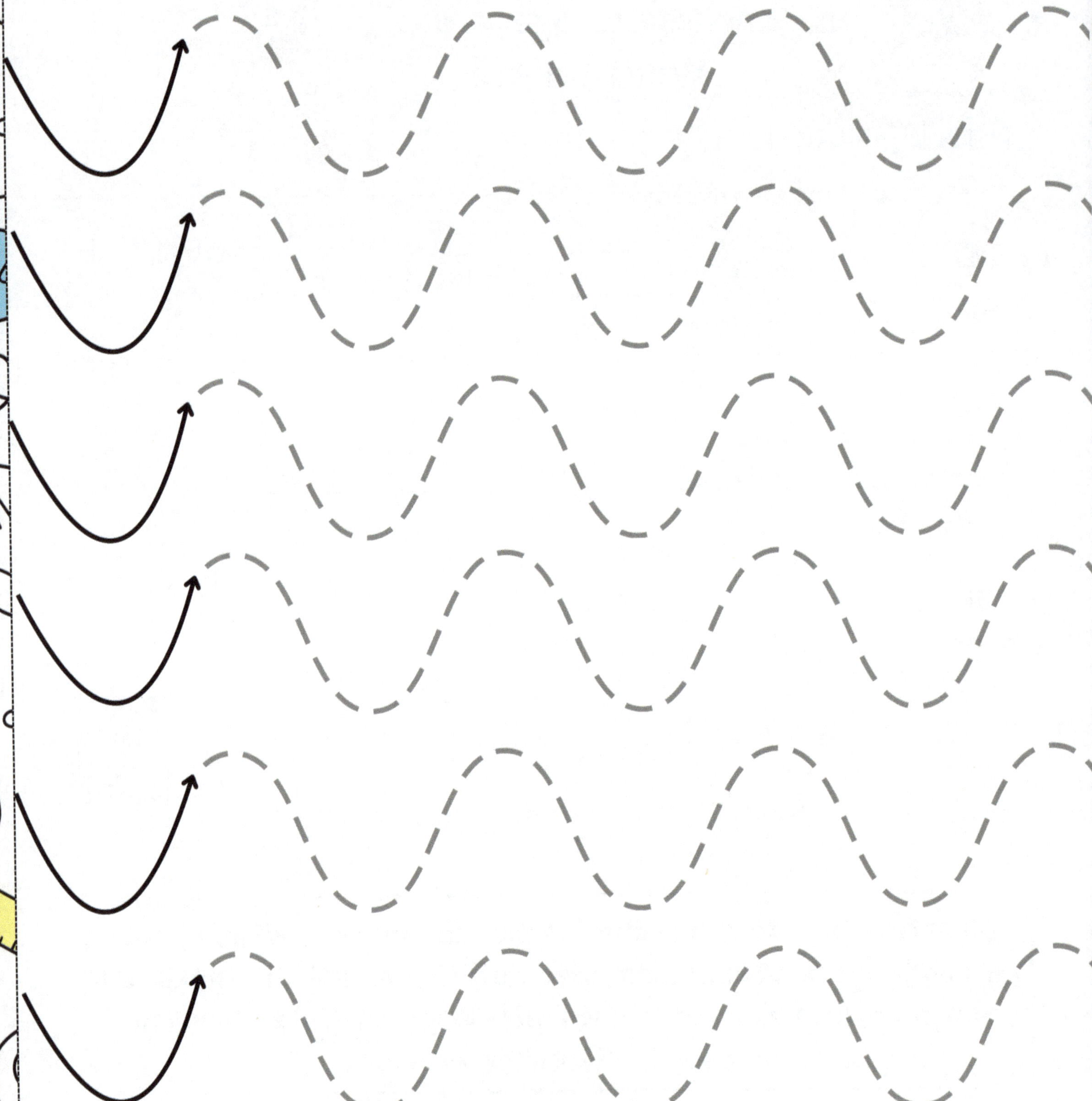

Level 1

Wow, ein Fischrennen. Lass uns mit ihnen spielen!

Hey, weißt du, dass Fische keine Augenlider haben, aber ihre Augen nach oben, unten und zur Seite bewegen können! Manche können sogar im Dunkeln sehen, weil ihre Augen das Licht verstärken. Und das Beste ist, sie können Farben viel besser sehen als wir Menschen!

Haw, haw, das macht ja Spaß!

Level 1

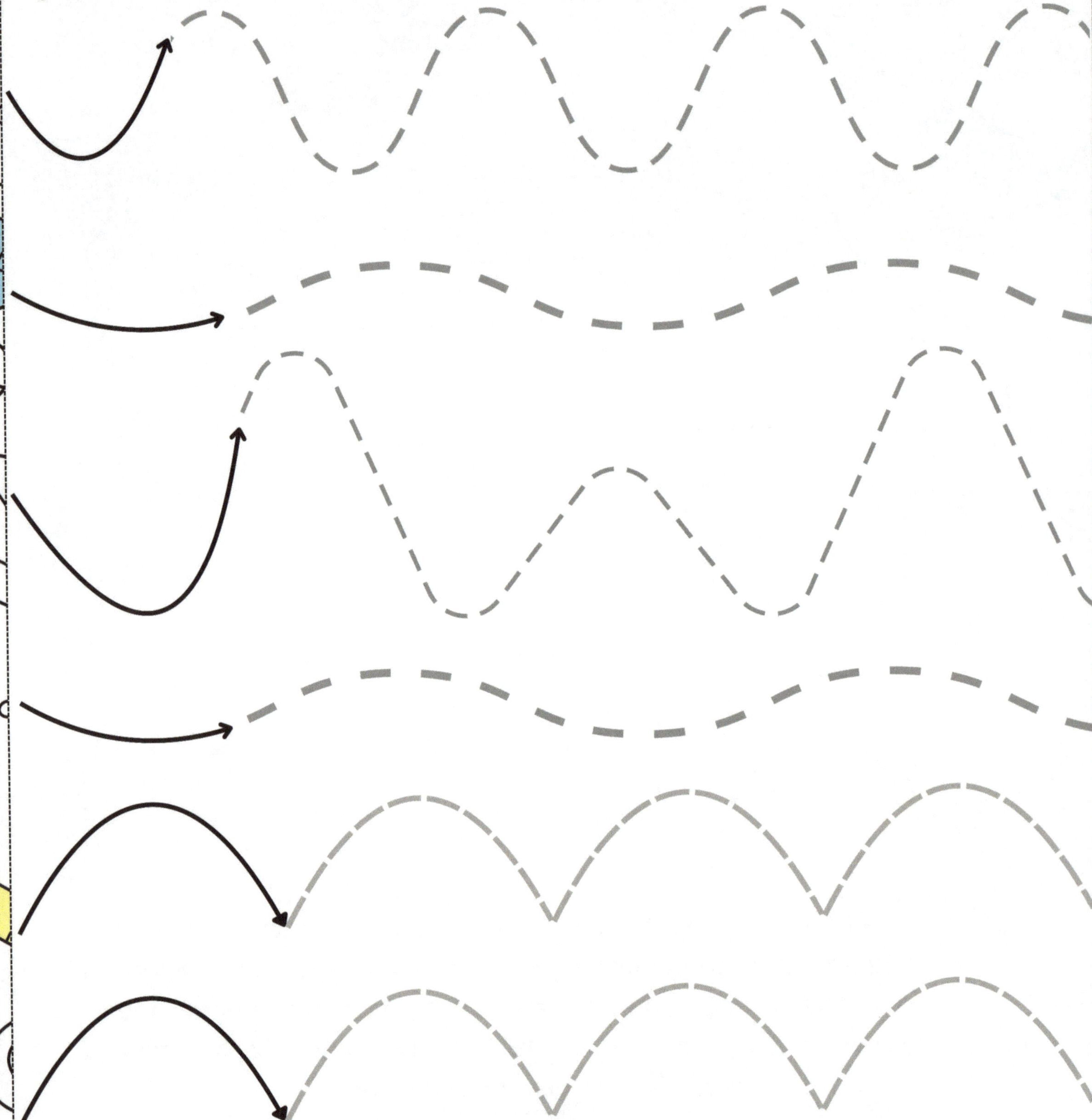

Level 1

Schau, dieser Fisch hat keine Fischschuppen! Er braucht deine Hilfe. Zeichne, indem du die Linien nachspurst.

Wow, das sind die Seepferdchen!

Level 1

Hey, weißt du, Seepferdchen leben in warmen, flachen Gewässern wie Seegraswiesen oder Korallenriffen. Bei einigen Seepferdchen können sogar die Papa-Seepferdchen "schwanger" werden, indem sie die Eier der Mama-Seepferdchen in ihrer Bauchtasche ausbrüten!

Level 1

Zeichne die gebogene Linien von links nach rechts nach.

Seepferdchen wollen spielen. Lass uns mit ihnen spielen!

Level 1

Seepferdchen schwimmen nicht wie andere Fische. Sie bewegen sich aufrecht durch das Wasser und gleiten mit winzigen Flossenbewegungen vorwärts.

Level 1

Welche zwei Bilder in jede Zeile sehen genau gleich aus? Kreise Sie ein.

Level 1

Welche Schildkröten sehen genau gleich aus?
Kreise Sie ein.

Spure die Linien der Luftballons nach und male sie aus. Die Luftballons von den Seesternen sind orange und die von den Seepferdchen sind grün.

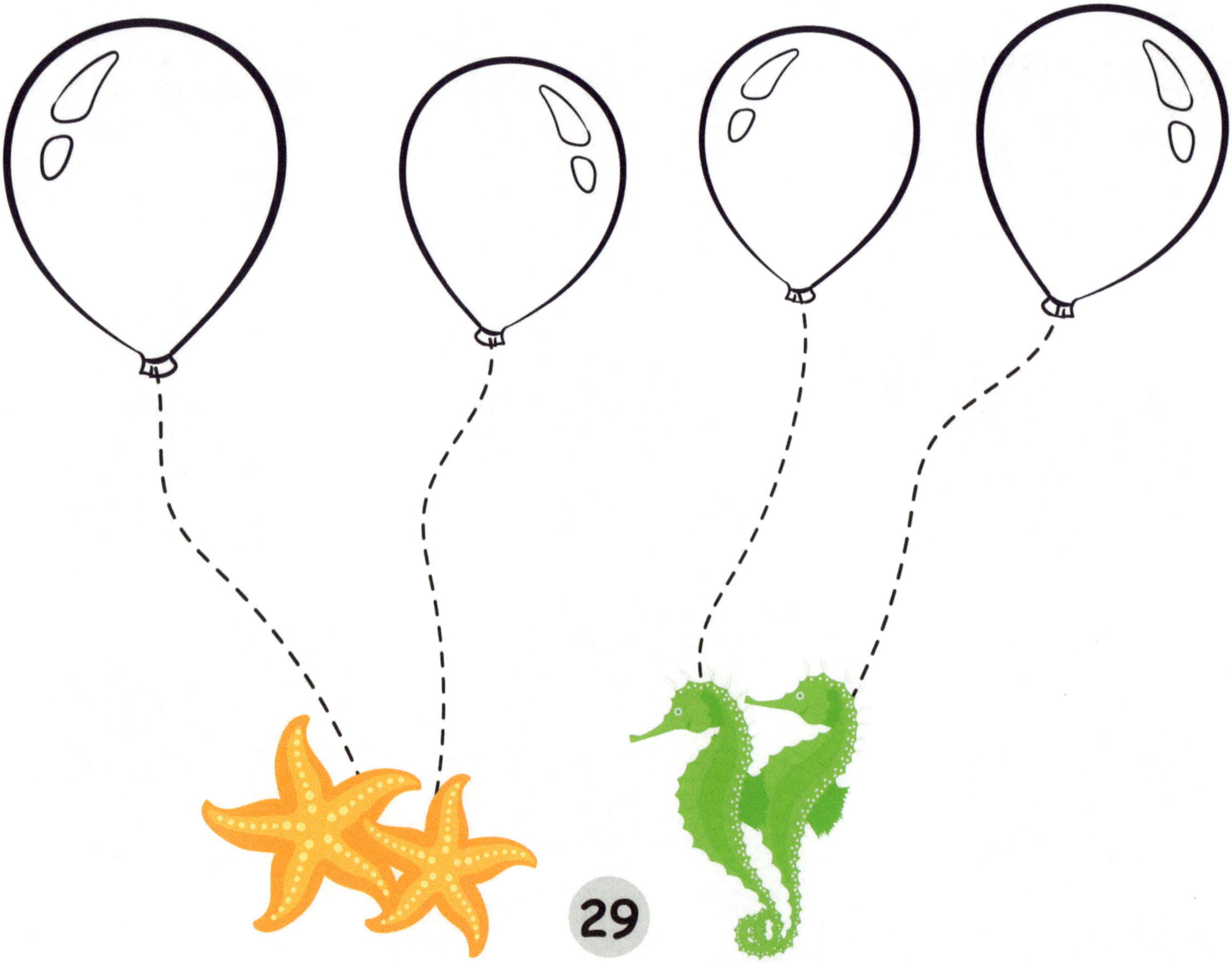

Level 1

Finde den passenden Schatten und verbinde sie mit einer Linie.

Level 1

ES IST ZEIT, DEINE FÄHIGKEITEN ZU ÜBERPRÜFEN!

Aufgabe № 2

Level 1

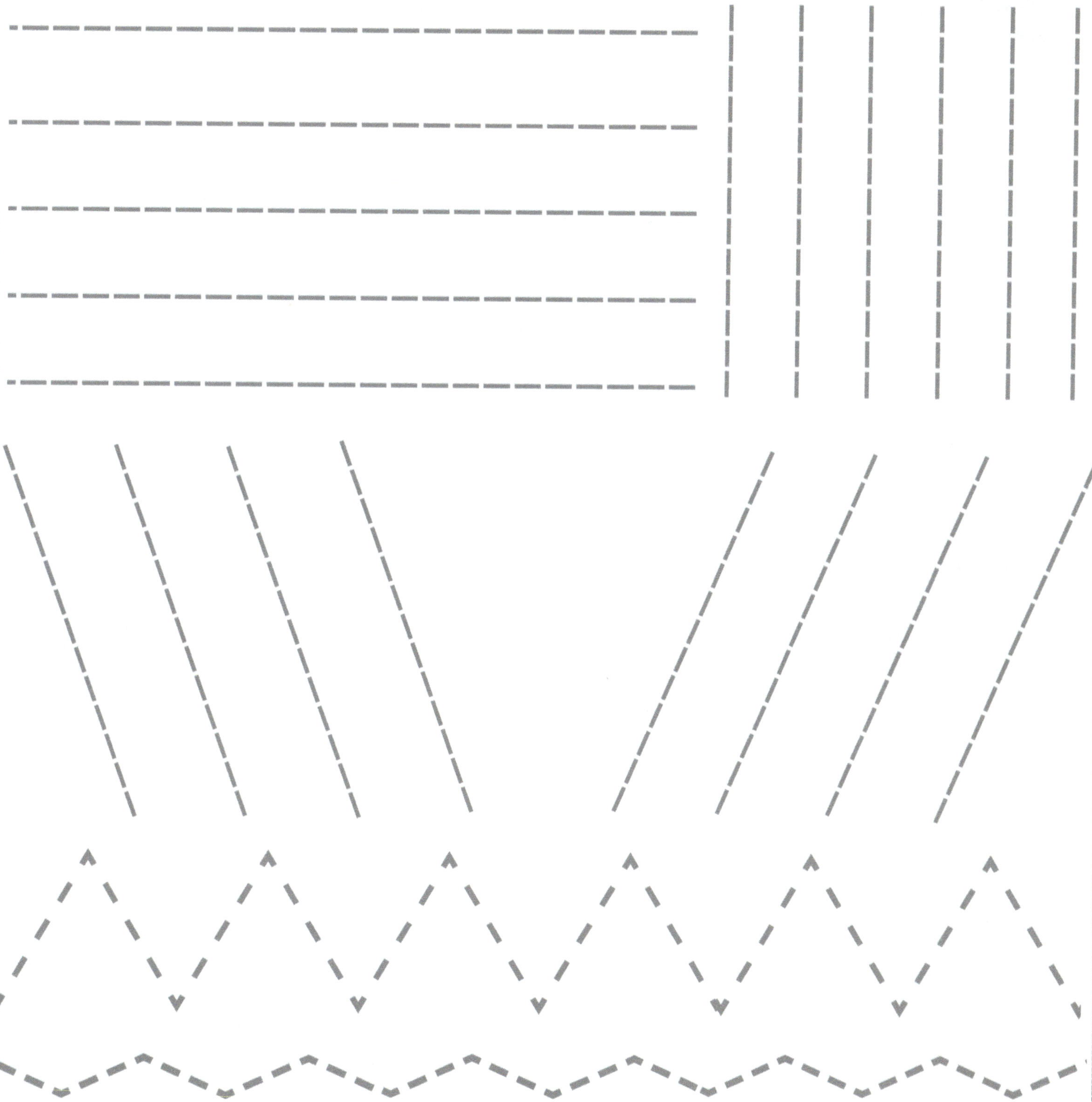

Aufgabe № 2

Level 1

Aufgabe № 3

Level 1

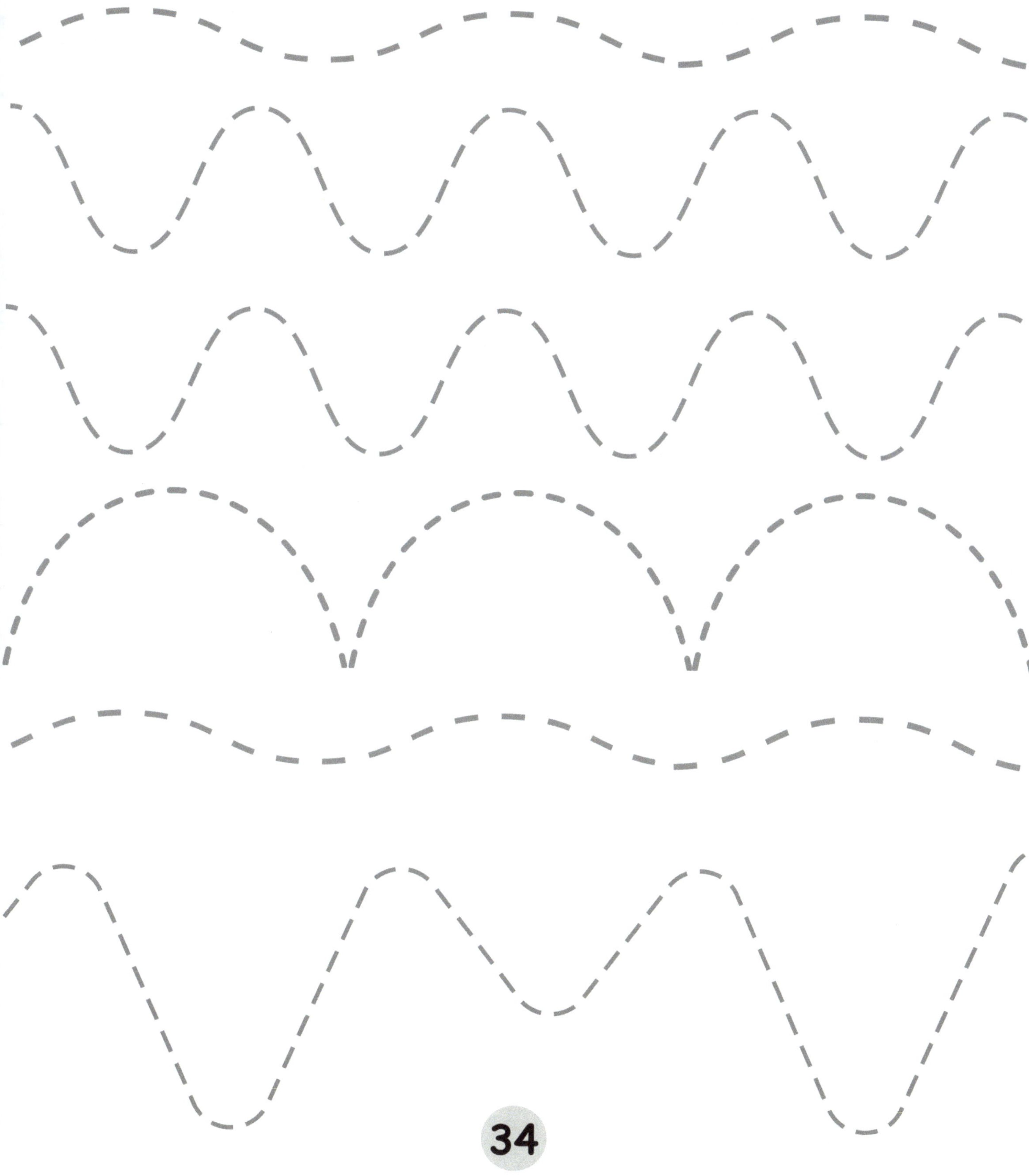

Aufgabe № 4

Level 1

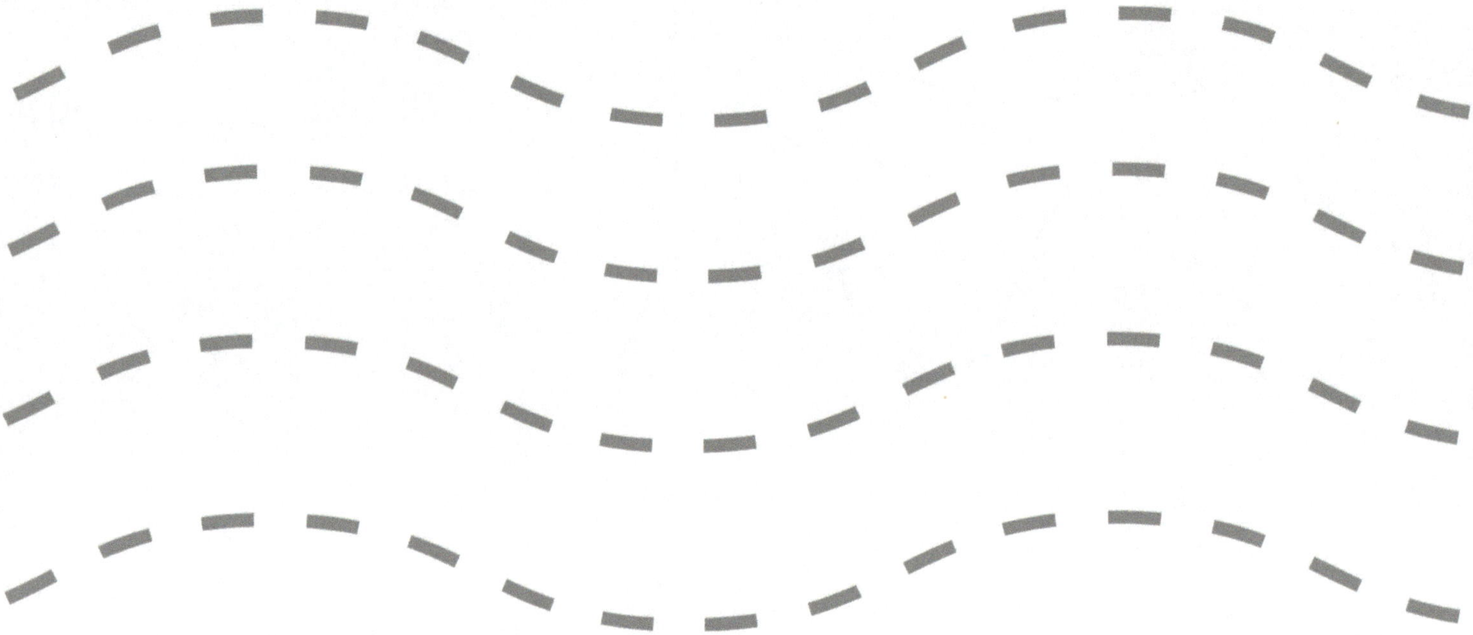

Aufgabe № 5

Level 1

Aufgabe № 6

Level 1

Aufgabe № 7

Level 1

Aufgabe № 8

Level 1

Aufgabe № 9

Level 1

Aufgabe № 10

Level 1

Level 2

DIE WELT DER WILDEN TIERE!

Level 2

Schau, Jack!
Die Schlange und der Igel haben ein Rennen veranstaltet. Wer wird gewinnen?

Löwe!
Er scheint freundlich zu sein!
Hast du bemerkt, dass sein Kopf die Form eines Kreises hat?

Level 2

Hey, wusstest du, dass Löwen die größten Raubkatzen in Afrika sind? Sie leben in Gruppen namens Rudel und brüllen, um ihr Territorium zu markieren. Ihre Brülllaute können bis zu acht Kilometer weit gehört werden! Obwohl sie die meiste Zeit schlafen, können sie bis zu 14 Jahre alt werden.

Wir lernen, Kreise zu zeichnen. Mach mit!

Level 2

Nenne wilde Tiere.

Wilde Tiere sind Tiere, die in der Natur leben und nicht bei uns zu Hause oder auf einem Bauernhof. Sie leben im Dschungel, im Wald, in den Bergen oder in der Wüste und haben keine Menschen, die auf sie aufpassen.

Level 2

Wir sind sehr müde. Wir müssen uns ein wenig in unserem Zelt ausruhen. Hilfst du uns es aufzubauen?

Wir springen wie ein Zebra!

Level 2

Hey, weißt du, was Zebras so besonders macht? Ihre einzigartigen Streifenmuster helfen ihnen nicht nur, leicht erkennbar zu sein, sondern halten auch lästige Insekten wie Moskitos fern. Und das Coole ist, jedes Zebra hat sein ganz eigenes Streifenmuster, genau wie dein Fingerabdruck!

Übung macht den Meister! Fahre fort und übe Linien zu zeichnen. Fange dabei immer am schwarzem Punkt an!

Das ist ein Dreieck. Es hat immer drei Seiten und drei Ecken! Jetzt können wir üben, ein Dreieck zu zeichnen!

Level 2

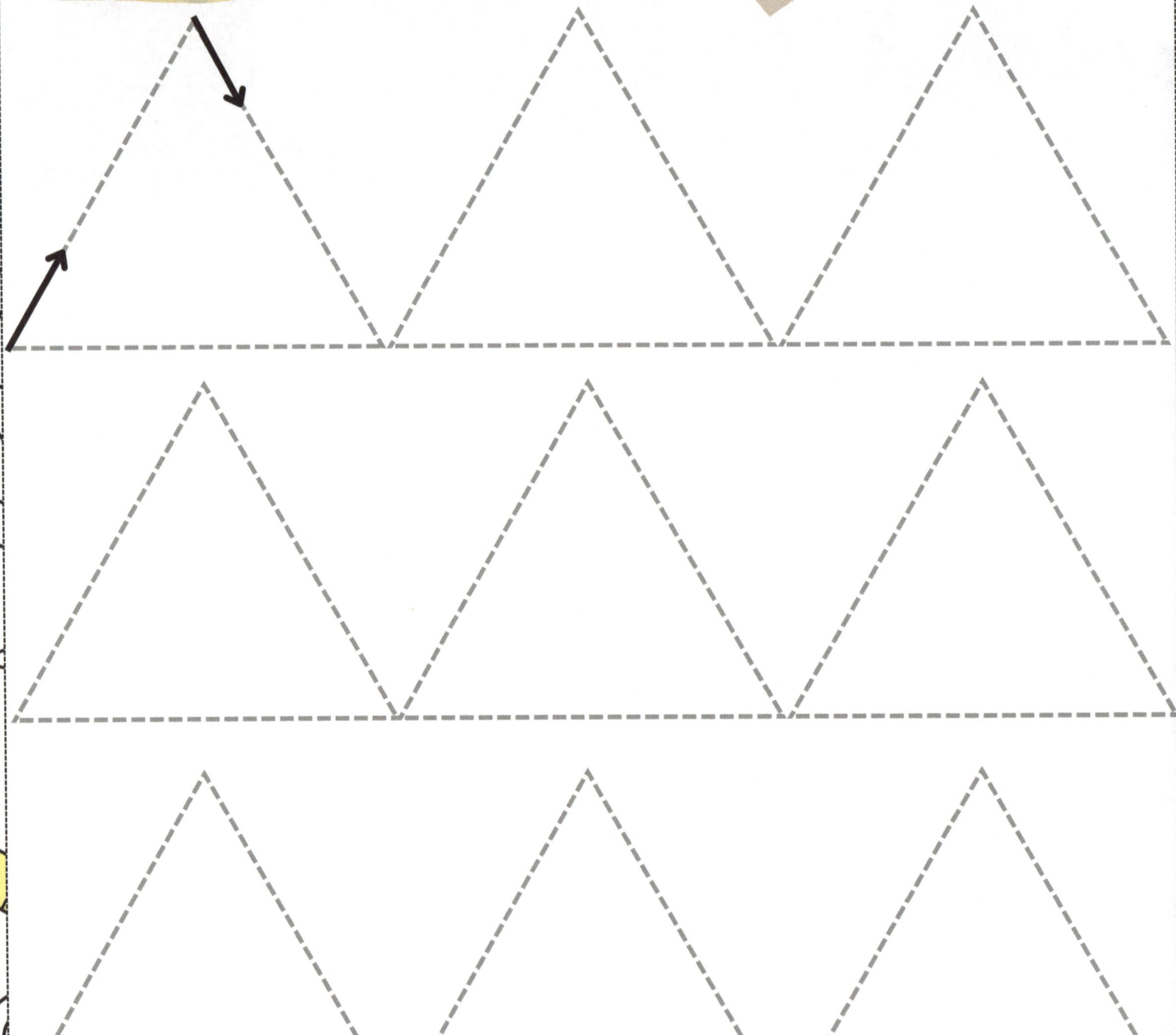

Level 2

Wow!
Eine Herde Elefanten!
Lass uns ihr folgen!

Elefanten sind die größten Tiere auf der ganzen Welt! Sie haben einen langen Rüssel, mit dem sie Dinge greifen und essen können. Und das Beste ist, Elefanten haben ein tolles Gedächtnis - sie können sich Orte und Gesichter wirklich gut merken!

Level 2

Elefanten haben starke Stoßzähne aus Elfenbein, die ihnen helfen, Nahrung zu suchen und sich zu verteidigen.

Level 2

Elefanten lieben es zu baden!
Sie verwenden ihren Rüssel, um Wasser
über ihren Körper zu spritzen.

Level 2

Elefanten haben große Ohren, die ihnen helfen, sich abzukühlen, indem sie die Hitze abgeben.

Wow! Affen! Lass uns ihnen folgen!

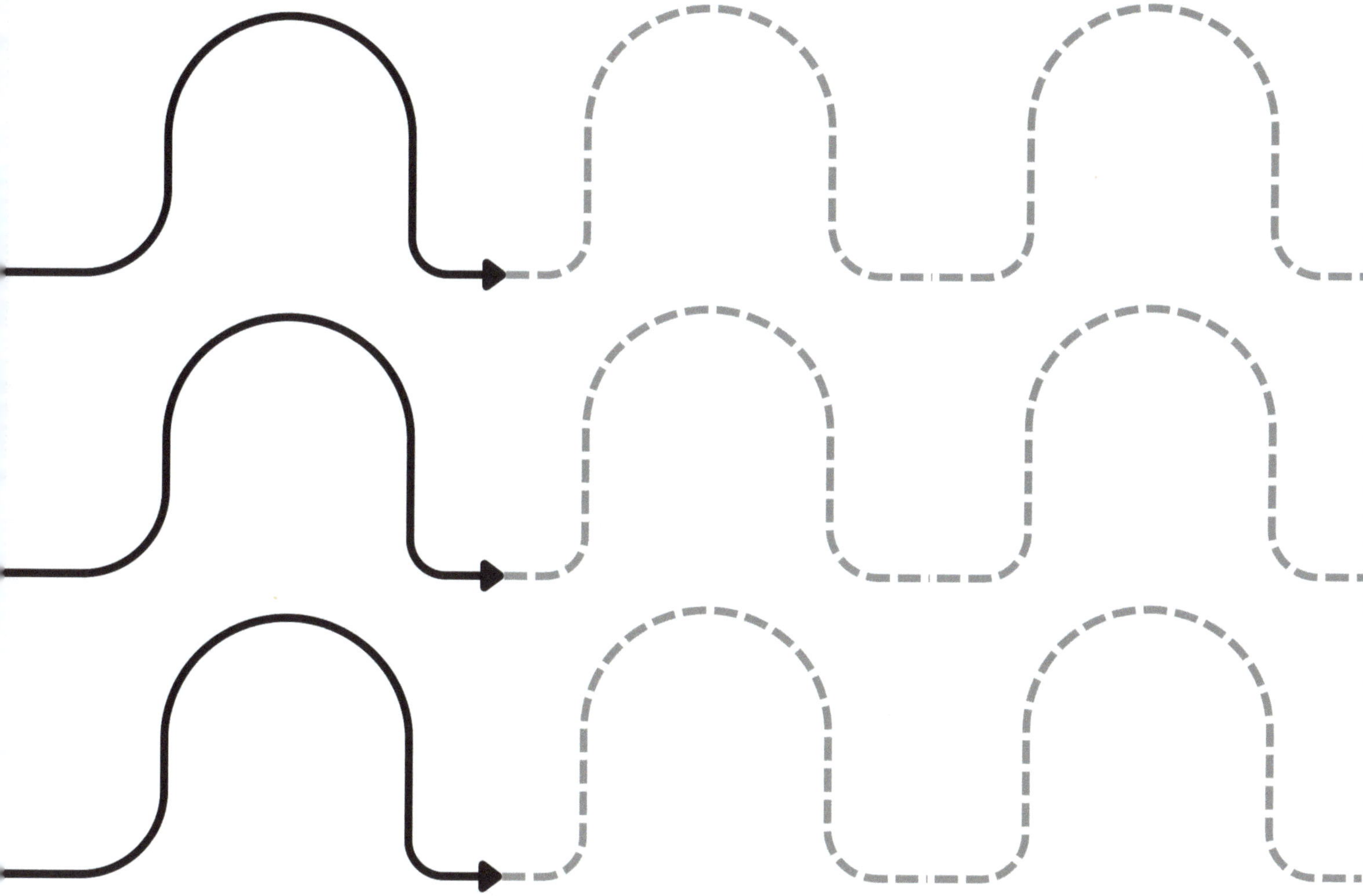

Hey, weißt du, dass Affen total gerne spielen? Sie haben riesigen Spaß zusammen, wenn sie herumtollen und sich verstecken! Außerdem können einige Affen richtig gut klettern - manche können sogar kopfüber an Bäumen hängen! Cool, oder?

Schau! Eine große Schlange! Hilf ihr und zeichne einen Weg für sie.

Level 2

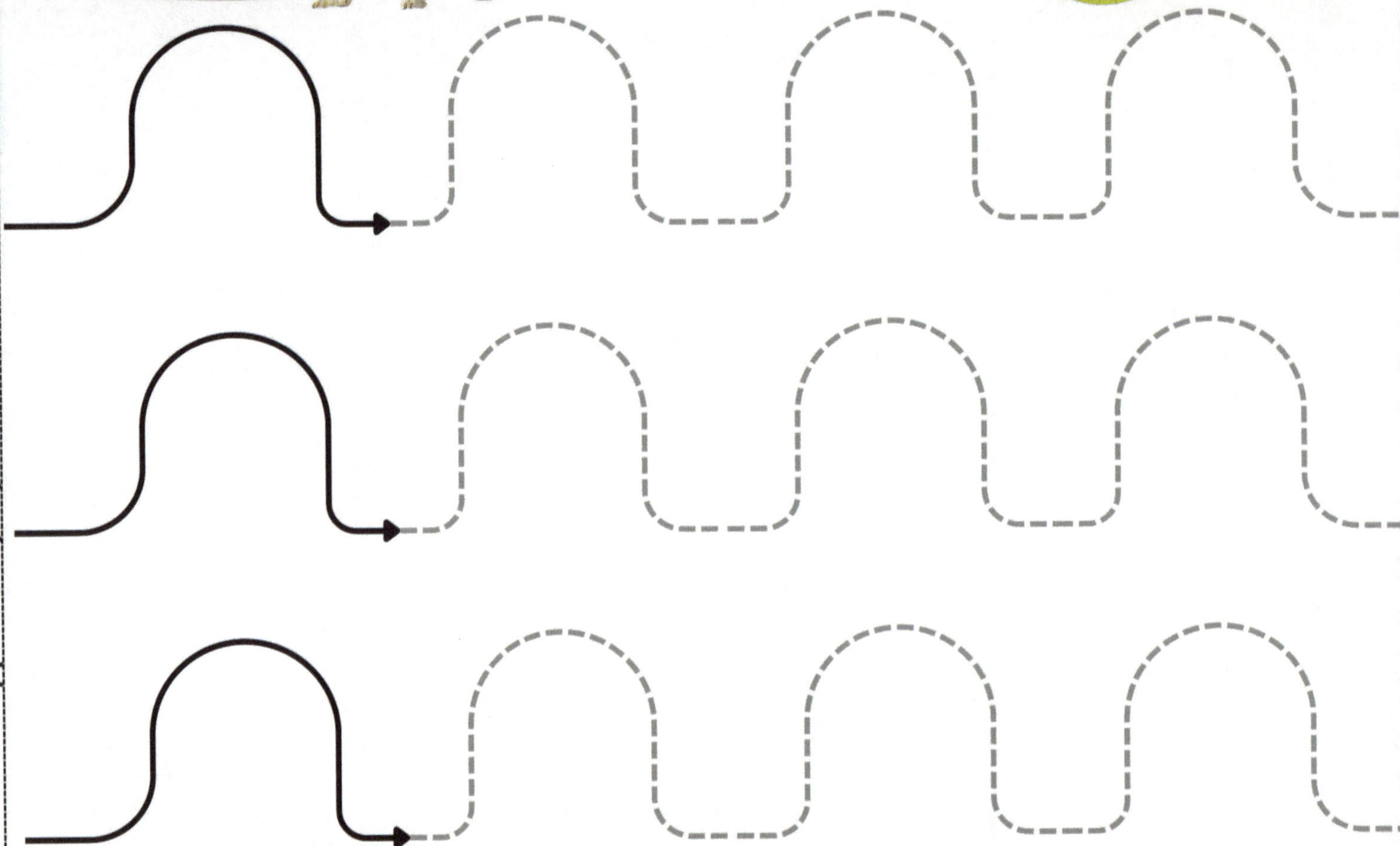

Weißt du, dass Schlangen echte Überlebenskünstler sind? Einige von ihnen können Monate oder sogar Jahre ohne Essen auskommen! Und noch cooler, wenn Schlangen wachsen oder Parasiten loswerden wollen, können sie ihre Haut einfach abwerfen, wie wenn sie einen alten Pulli ausziehen würden!

Das ist ein Kamel. Es muss zu seinem Fohlen gelangen und braucht deine Hilfe. Zeige ihm den Weg!

Hey, weißt du, dass Kamele sind richtig coole Tiere? Sie können lange ohne Wasser auskommen, weil ihre Höcker Fett speichern, das sie in Wasser umwandeln können, wenn sie Durst haben. Außerdem haben sie ein super Gedächtnis und können sich ganz lange an Orte und Wasserstellen erinnern!

Level 2

Diese Giraffenmutter hat ihren kleinen Kalb verloren. Hilfst du Ihr den richtigen Weg zu finden?

Wusstest du, dass Giraffen die größten Säugetiere der Welt sind? Sie können bis zu 5,5 Meter groß werden! Und weißt du was? Sie schlafen nur kurz und oft im Stehen, weil es für sie gefährlich ist, sich hinzulegen. Ihre Flecken und Punkte auf der Haut sind einzigartig, genauso wie unser Fingerabdruck!

Schau, Jack! Ein Braunbär! Ich glaube, er geht nach Hause. Weißt du, wie sein Zuhause genannt wird?

Hey, wusstest du, Braunbären sind echte Abenteurer? Sie suchen gemütliche Plätze in Höhlen oder machen sich ein kuscheliges Nest aus Blättern. Mit ihrem super Geruchssinn können sie weit entfernte Gerüche wahrnehmen. Das Beste ist, dass sie auch ausgezeichnete Schwimmer sind und mühelos große Flüsse überqueren können!

Level 2

Wie wunderbar die wilde Welt ist, aber wir müssen nach Hause zurückkehren. Die Tiere weisen uns den Weg!

Auf Wiedersehen, wilde Welt! Bis bald!

Level 2

Level 2

Verbinde mit einer Linie
Tiereltern und Tierkinder.

Finde den passenden Schatten und verbinde sie mit einer Linie.

Level 2

Finde zwei gleiche Affen und kreise diese ein.

Der Giraffe hat ihre Freunde verloren. Zeige den richtigen Weg zu ihnen.

Level 2

ES IST ZEIT, DEINE FÄHIGKEITEN ZU ÜBERPRÜFEN!

Aufgabe № 11

Level 2

Aufgabe № 12

Level 2

Aufgabe № 13

Level 2

Aufgabe № 14

Level 2

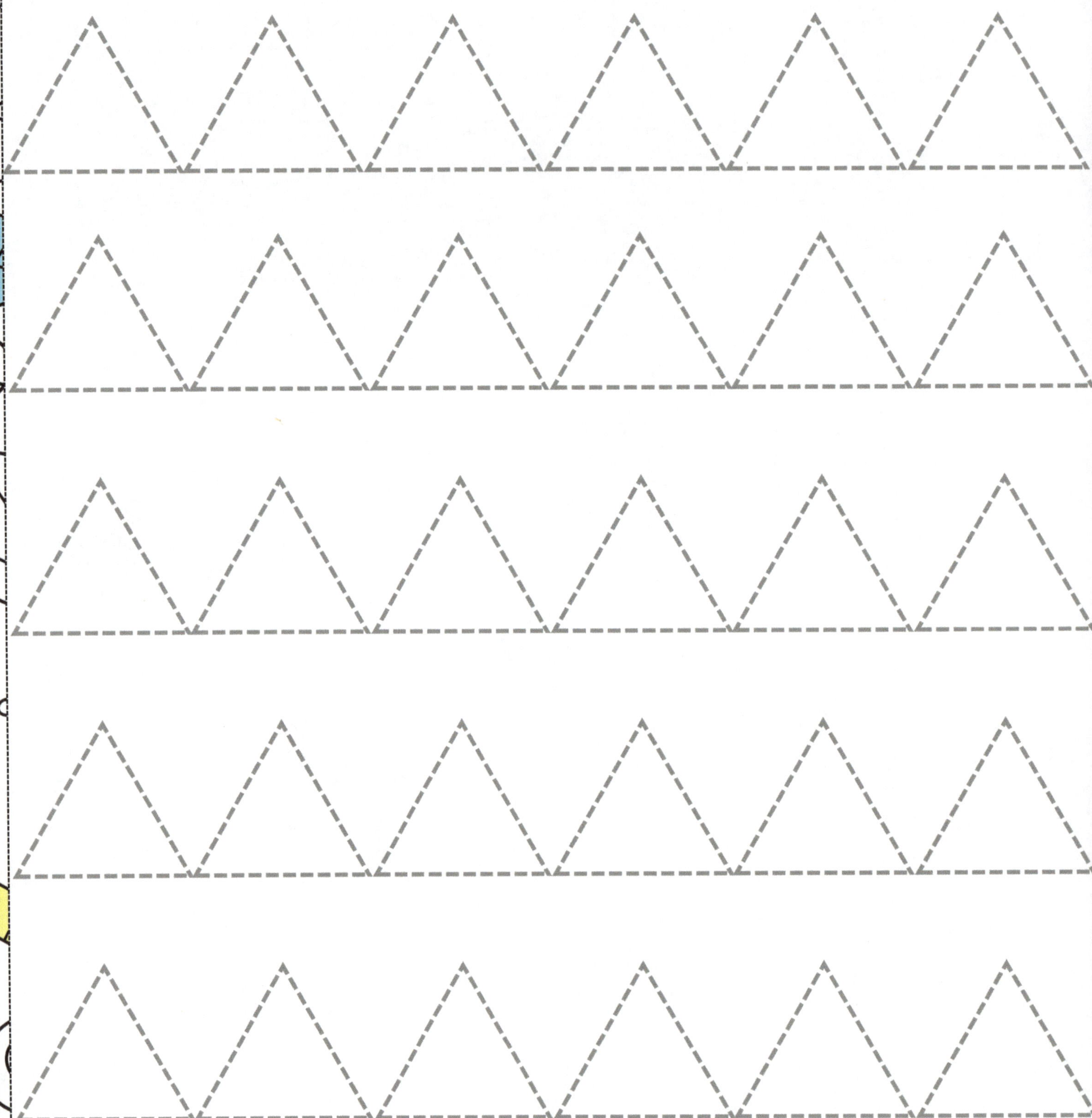

Aufgabe № 15

Level 2

Aufgabe № 16

Level 2

Hey, weißt du, Igel sind total cool! Wenn sie sich bedroht fühlen, rollen sie sich zu einer Kugel zusammen, um sich zu schützen. Sie lieben es, in Gärten, Parks und Wäldern herumzustreifen, besonders in der Nacht, wenn sie auf der Suche nach Essen sind. Übrigens können sie bis zu 15 Jahre alt werden, manche sogar noch länger, wenn sie sich in Sicherheit fühlen.

Aufgabe № 17

Level 2

Aufgabe № 18

Level 2

Aufgabe № 19

Level 2

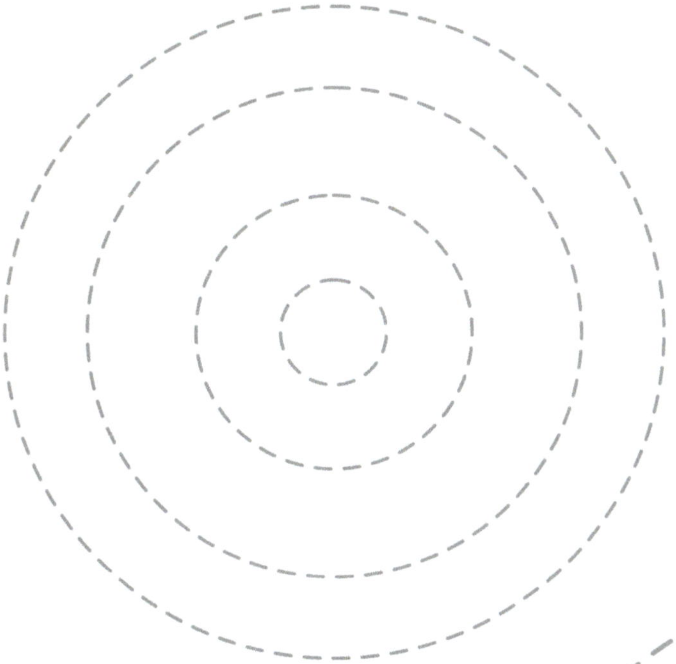

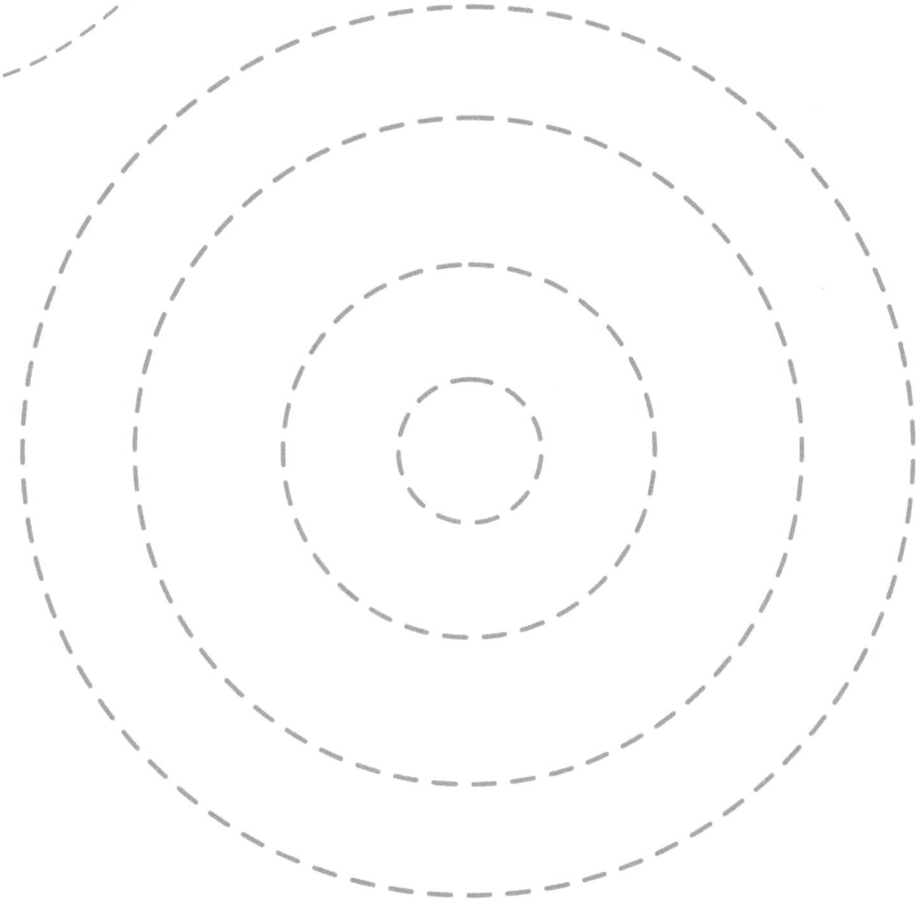

Aufgabe № 20

Level 2

Level 3

UNSERE ABENTEUER SIND NOCH NICHT VORBEI!

Wir kehren nach Hause zurück!

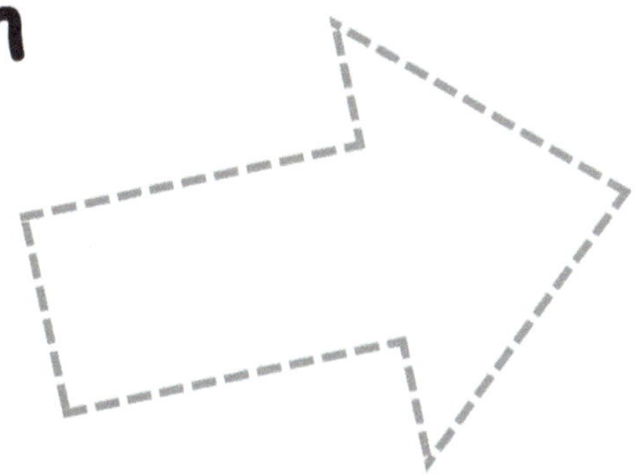

Level 3

Jack, wir müssen den Weg nach Hause finden!
Hilfst du uns?

Level 3

Damit du uns den Heimweg zeigen kannst, musst du die Pfeile zeichnen lernen! Beginne immer am schwarzen Pfeil!

Jetzt üben wir weiter mit vertikalen Pfeilen!

Level 3

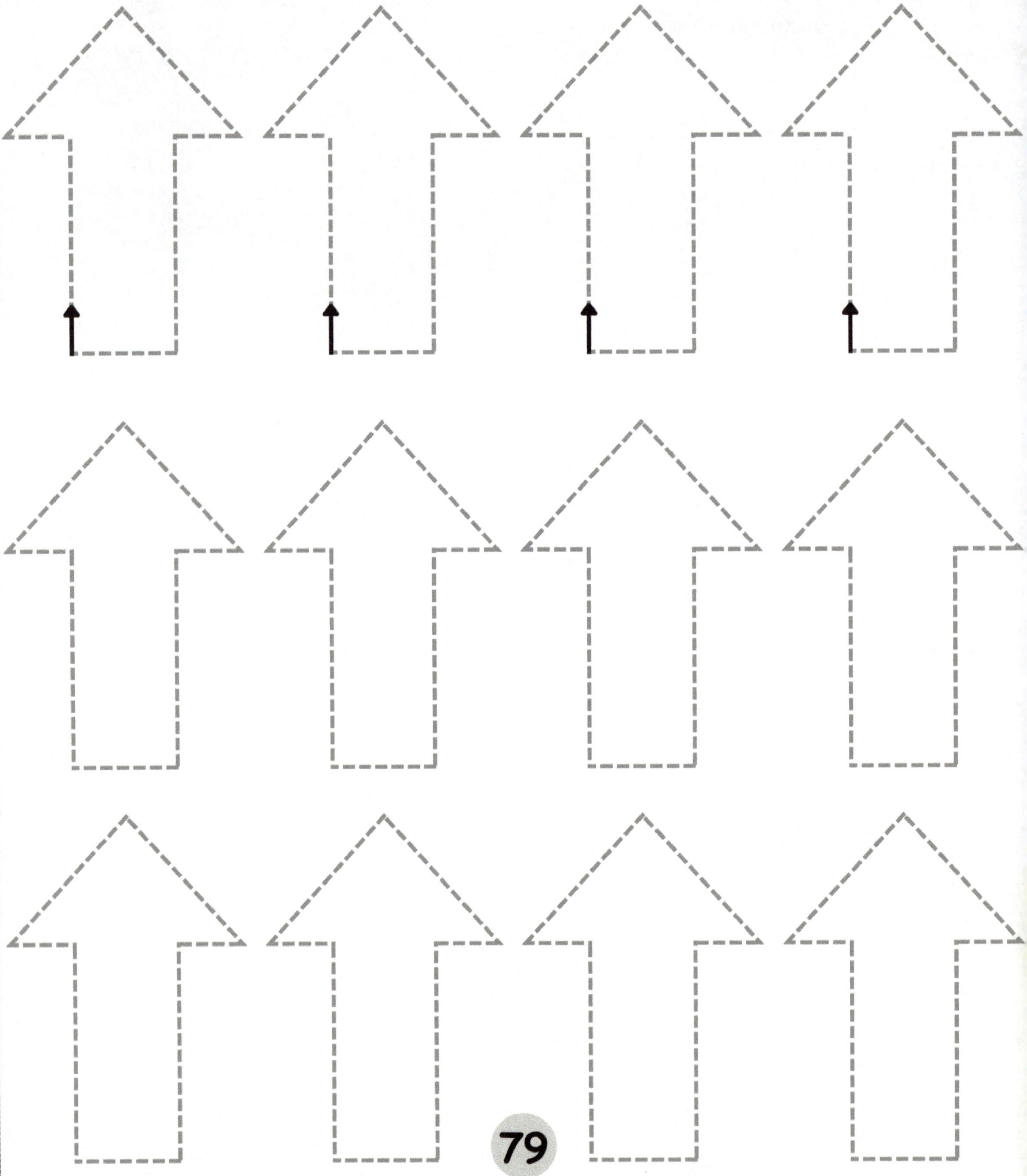

Schau, Jack! Eine Schnecke! Lass uns das Schneckenhaus mit Hilfe von Punkten und Linien zeichnen. Beginne am schwarzen Pfeil!

Level 3

Oh, noch mehr Schnecken! Cool, oder?

Level 3

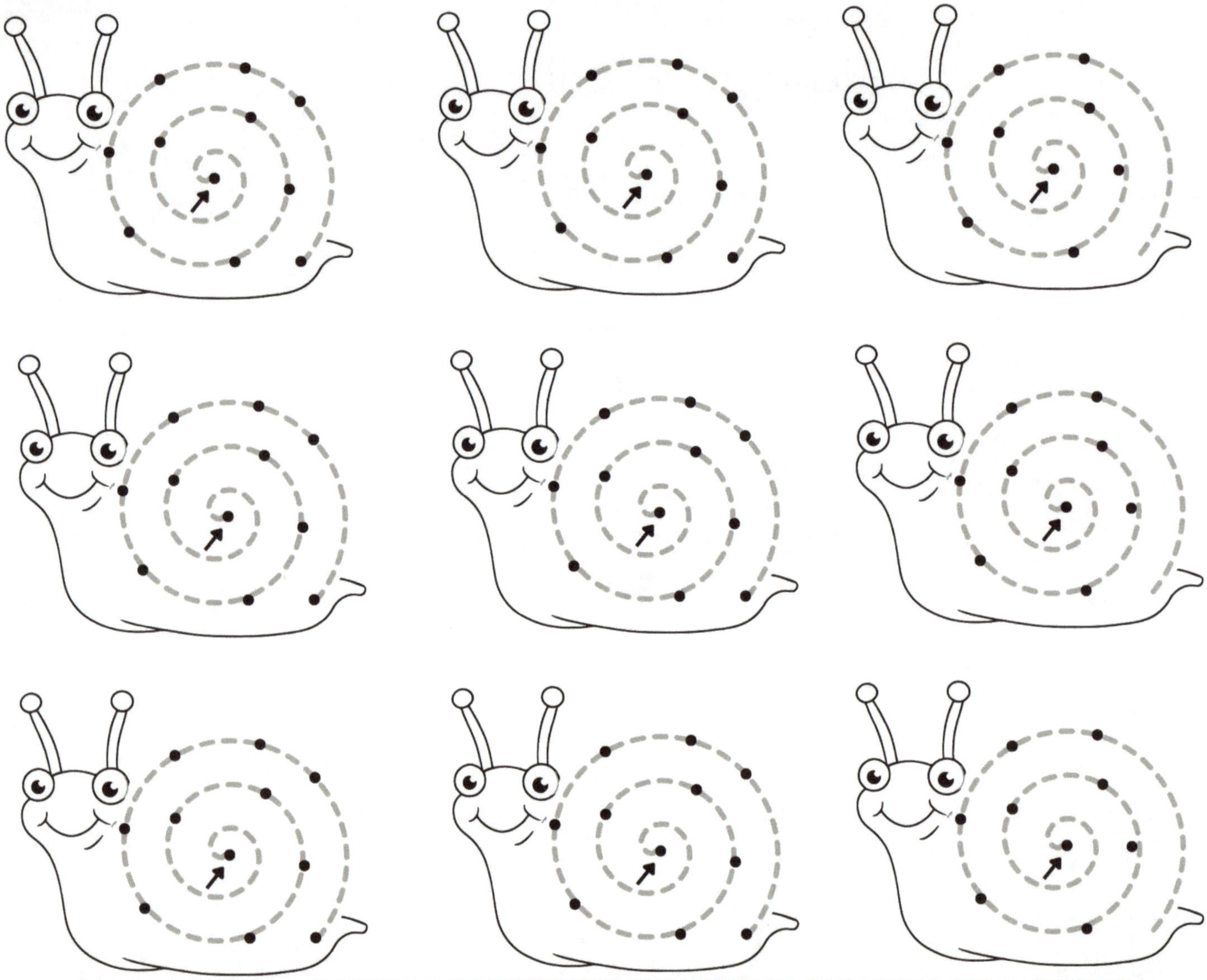

Schnecken atmen durch ihre feuchte Haut oder einen speziellen Raum in ihrem Mantel. Wenn es zu trocken wird, können sie sich in einen besonderen Ruhezustand versetzen und ohne viel Sauerstoff auskommen. Aber das Beste ist ihre Schale! Sie ist wie eine Rüstung, die sie schützt, wenn sie sich verstecken müssen.

Übung macht den Meister! Jetzt trainieren wir die Hand!

Level 3

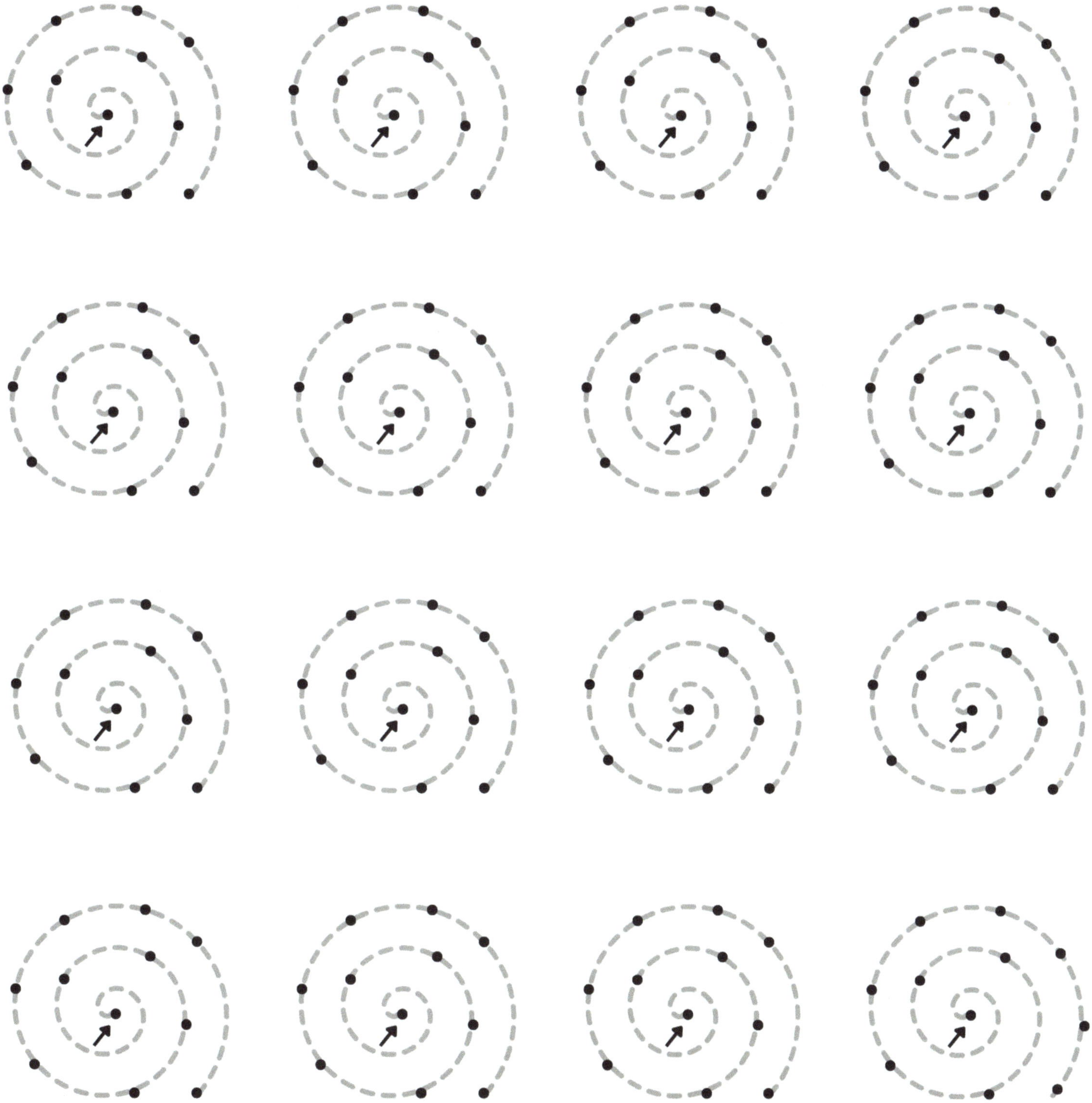

Level 3

Ein Blumenfeld. Waw, wie gut sie duften!

Jetzt lernen wir, Blumen zu zeichnen.

Level 3

Trainiere deine Hand!

Level 3

Level 3

Hey, Jack, wo bist du?
Wo hast du dich
verlaufen?
Wir müssen Jack finden!

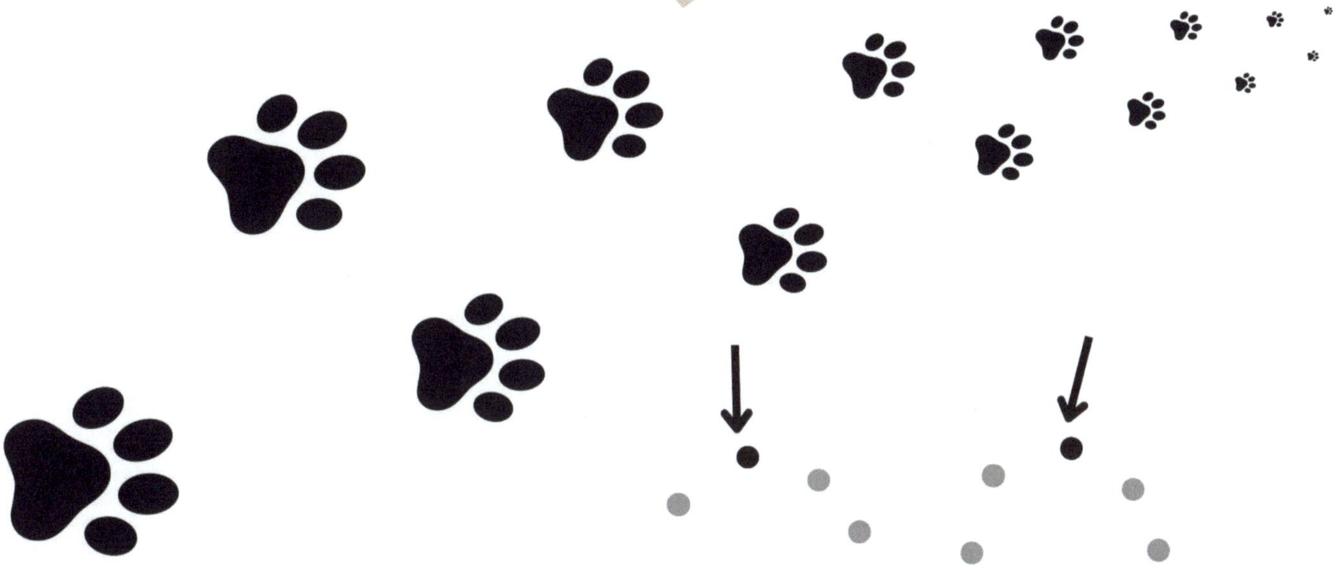

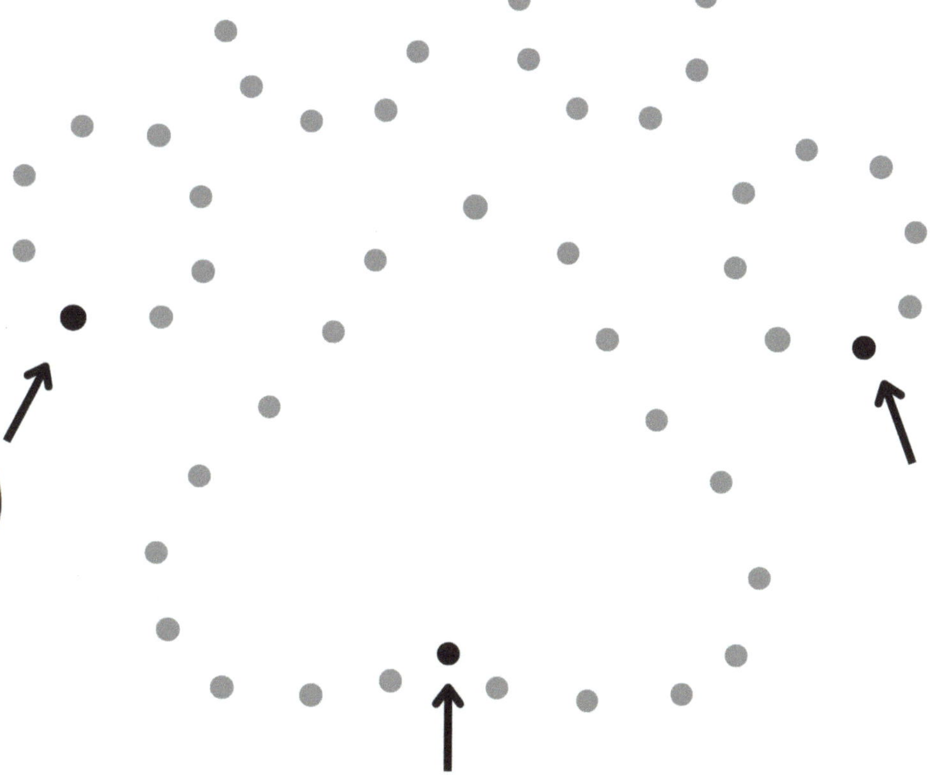

Während wir nach ihm suchten, spielte Jack mit Schmetterlingen!

Level 3

Level 3

Zeichne die Linien nach, die von den Schmetterlingen hinterlassen wurden.

Level 3

Zeichne die Linien nach, die von den Schmetterlingen hinterlassen wurden.

Level 3

Hurra, Bienen! Das bedeutet, wir sind in der Nähe von zu Hause!

Hey, weißt du, die Königinbiene ist wie die Königin des Bienenstocks und legt alle Eier für neue Bienen. Die fleißigen Arbeiterinnen sammeln den ganzen Tag Nektar und Pollen für den Bienenstock, und manchmal tanzen sie sogar, um anderen Bienen zu zeigen, wo es Essen gibt. Bienen sind super wichtig, weil sie dabei helfen, Blumen zu bestäuben und neue Pflanzen wachsen zu lassen!

Level 3

Die Bienen wollen uns nach Hause führen. Danke euch!

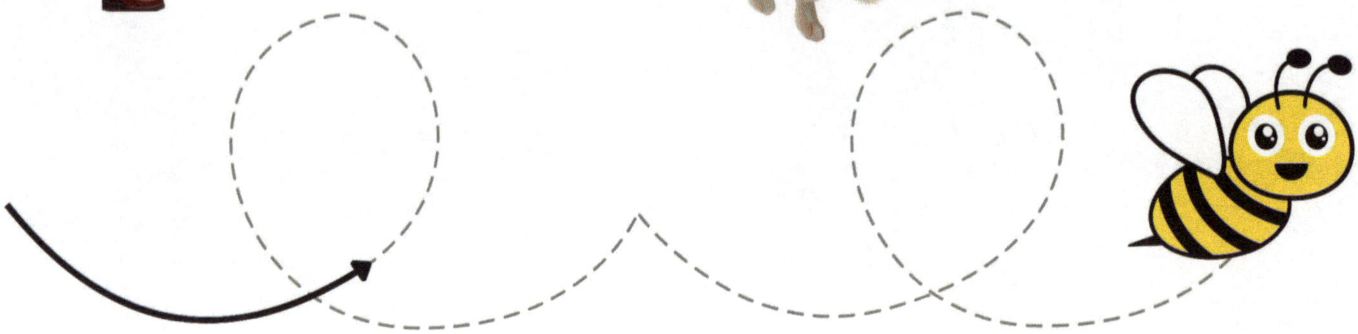

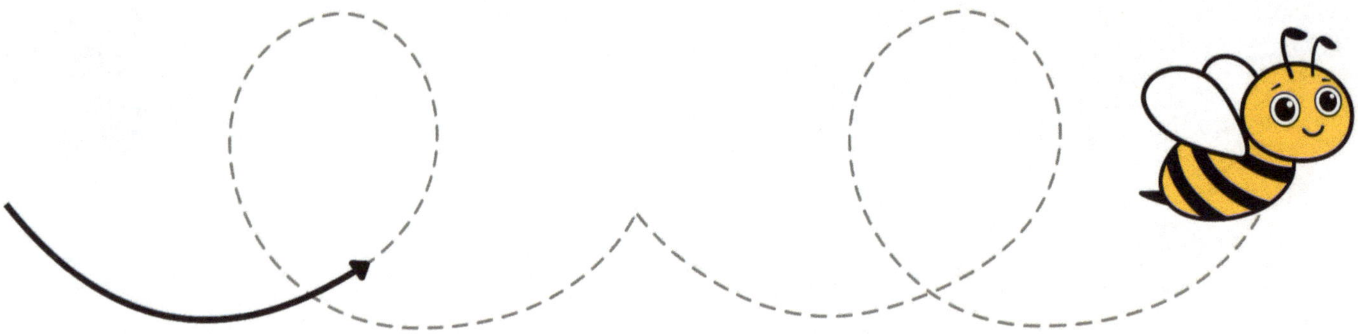

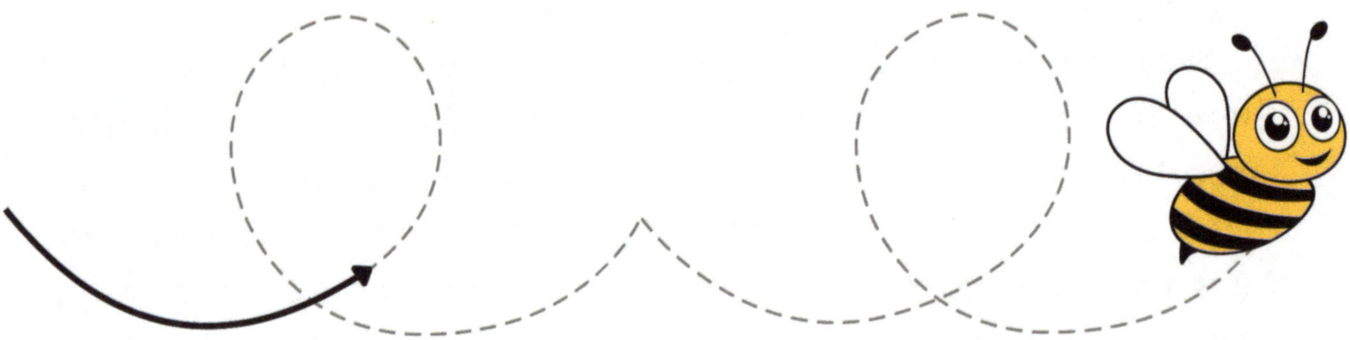

Hurra! Wir sind zu Hause!

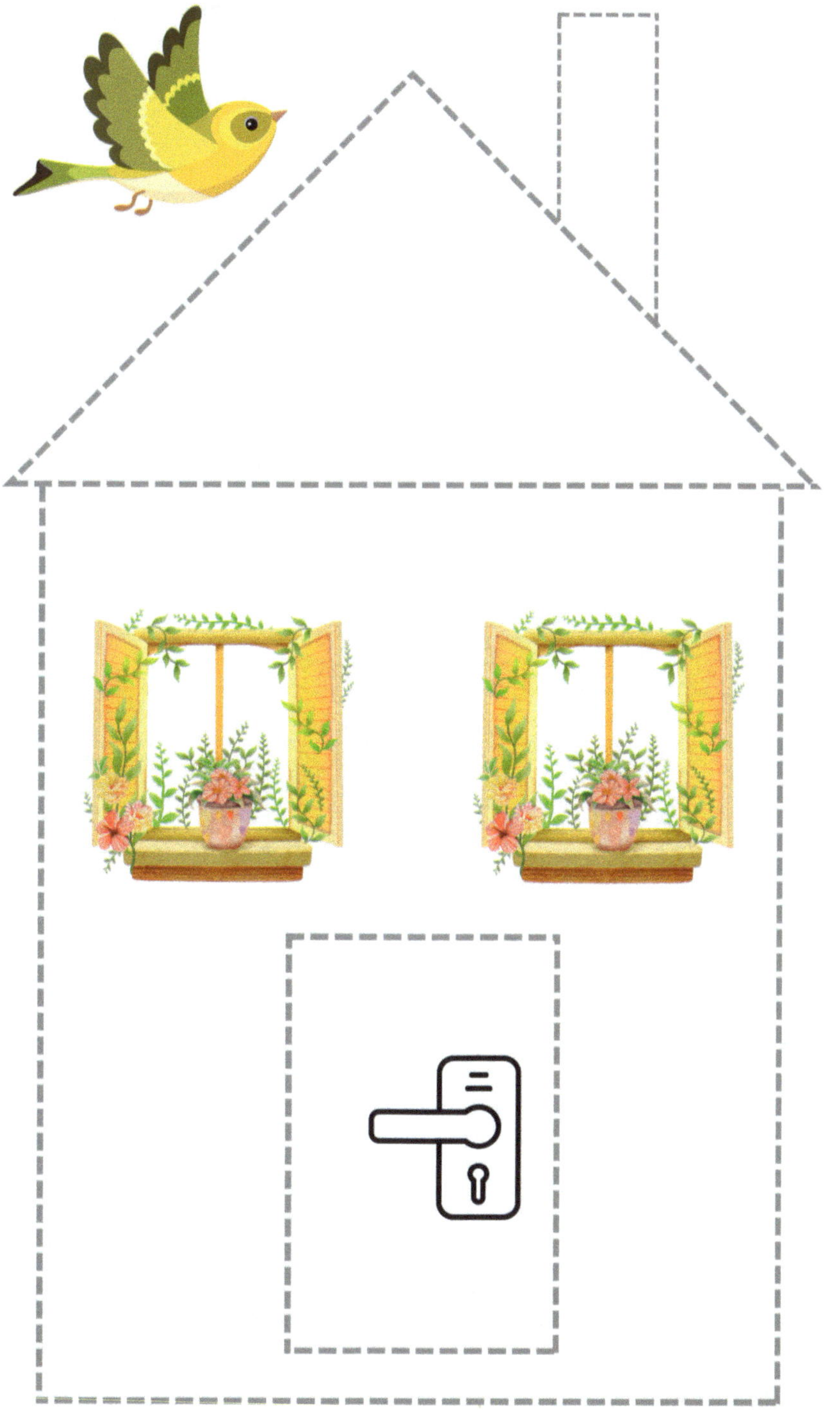

Damit enden unsere Abenteuer, aber wir sehen uns bald in der nächsten Ausgabe der Bücher mit neuen Abenteuern.
Bis bald!

Level 3

Finde den passenden Schatten und verbinde sie mit einer Linie.

Level 3

Kannst du den Bienen helfen, die Blumen zu finden?

Level 3

Finde zwei gleichen Blumenhälften und verbinde diese!

Level 3

Finde zwei gleiche Frösche und kreise diese ein.

Level 3

ES IST ZEIT, DEINE FÄHIGKEITEN ZU ÜBERPRÜFEN!

Aufgabe № 21

Level 3

Aufgabe № 22

Level 3

Level 3

Aufgabe № 23

Aufgabe № 24

Level 3

Level 3

Aufgabe № 25

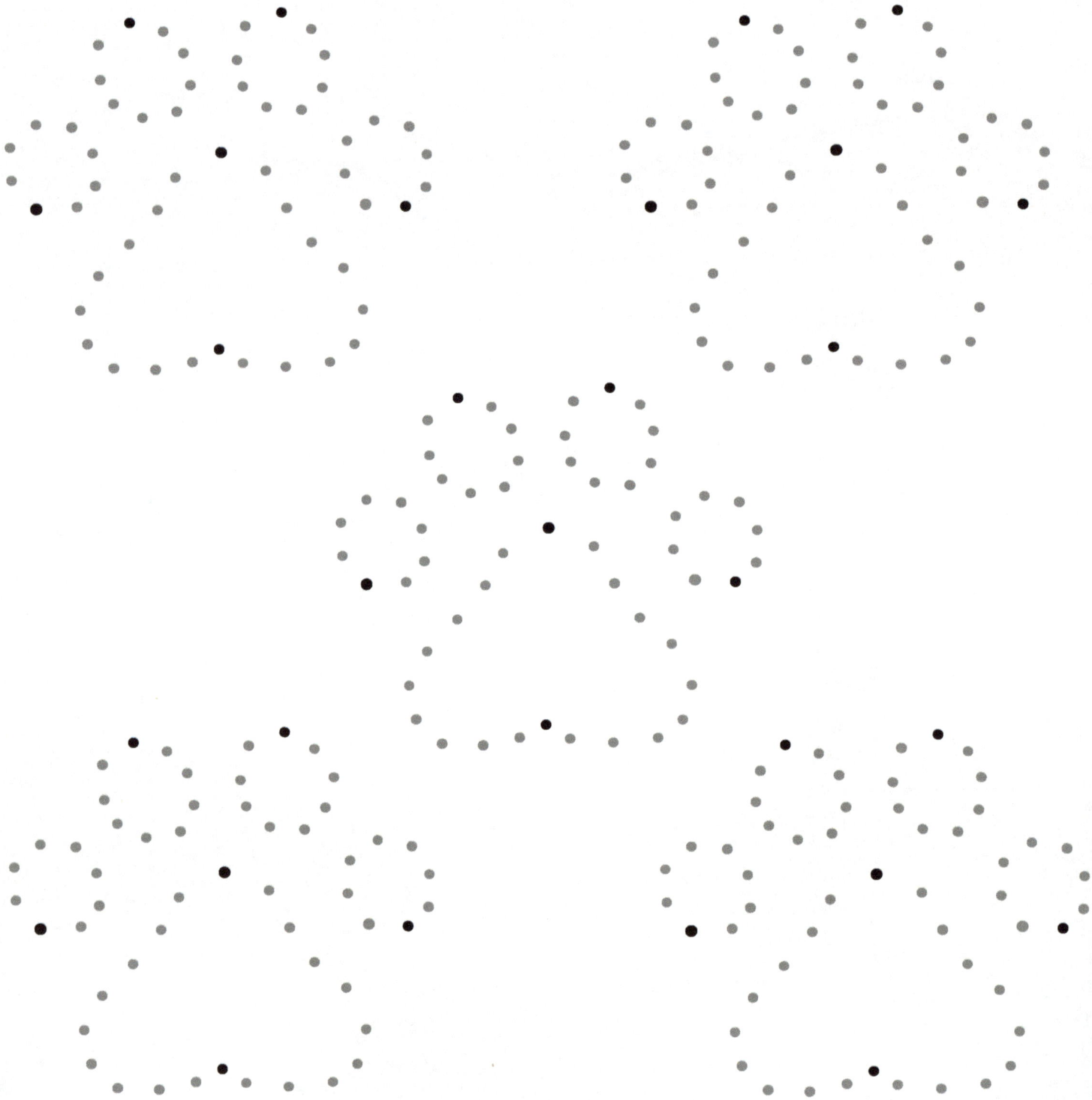

Aufgabe № 26

Level 3

Aufgabe № 27

Level 3

Level 3

Aufgabe № 28

Aufgabe № 29

Level 3

Aufgabe № 30

Level 3

EXTRA BONUS!!

Alle Boni, Neuigkeiten und Updates zu unseren Büchern erhältst du hier:

Scanne den QR-Code und erfahre, welche Überraschung dich erwartet!

WWW.KIND-MITMACHBUCH.DE

KIND
MITMACHBUCH

Haftungsausschluss:

Dieses Kinderbuch bietet Handübungen zur Förderung der Schreibfähigkeiten im Vorschulalter. Obwohl die Übungen sorgfältig entwickelt wurden, um den Lernprozess zu unterstützen, übernehmen weder der Verlag noch der Autor irgendeine Haftung oder Gewährleistung für etwaige Schäden oder Verletzungen, die aus der Nutzung dieses Buches resultieren könnten.

Eltern, Erziehungsberechtigte oder Betreuer sind dafür verantwortlich, die Übungen angemessen zu überwachen und sicherzustellen, dass sie den Fähigkeiten und dem Entwicklungsstand des Kindes entsprechen. Jegliche Nutzung der in diesem Buch enthaltenen Materialien erfolgt auf eigenes Risiko.

Dieses Kinderbuch enthält Meinungen und Ideen des Autors und verfolgt das Ziel, Kindern hilfreiches und informatives Wissen zu vermitteln. Die enthaltenen Tipps und Strategien müssen nicht zwangsläufig für jeden Leser geeignet sein, und es gibt keine Garantie dafür, dass sie bei jedem funktionieren.

Die Nutzung dieses Kinderbuchs und die Umsetzung der darin enthaltenen Informationen erfolgen ausdrücklich auf eigenes Risiko. Weder der Autor noch der Verlag übernehmen Haftung für etwaige Unfälle oder Schäden.

Die in diesem Kinderbuch enthaltenen Informationen können eine Beratung durch einen Arzt oder einen gleichwertigen Fachspezialisten nicht ersetzen. Sie sind keine medizinischen Anweisungen, sondern dienen ausschließlich der Vermittlung von Wissen. Die Umsetzung der Empfehlungen sollte daher immer mit einem qualifizierten Fachspezialisten abgestimmt werden.

Haftungsansprüche gegen den Autor oder Verlag für Schäden jeglicher Art, die durch die Nutzung oder Nichtnutzung der Informationen oder durch fehlerhafte und/oder unvollständige Informationen verursacht wurden, sind grundsätzlich ausgeschlossen. Rechts- und Schadenersatzansprüche sind ebenfalls ausgeschlossen.

Das Werk wurde mit größter Sorgfalt erarbeitet, jedoch übernehmen Autor und Verlag keine Gewähr für die Aktualität, Korrektheit, Vollständigkeit und Qualität der bereitgestellten Informationen. Druckfehler und Falschinformationen können nicht ausgeschlossen werden.

Für fehlerhafte Angaben und daraus entstandene Folgen übernimmt der Autor oder Verlag keine juristische Verantwortung oder Haftung. Die Inhalte von zitierten Internetseiten in diesem Kinderbuch liegen in der Verantwortung der jeweiligen Betreiber, und der Autor oder Verlag distanziert sich von allen fremden Inhalten.

Die Wiedergabe von Gebrauchsnamen, Handelsnamen und Warenbezeichnungen in diesem Werk bedeutet nicht, dass solche Namen im Sinne der Warenzeichen- und Markenschutz-Gesetzgebung als frei betrachtet werden können. und trotz sorgfältigem Lektorat können sich Fehler einschleichen.

IMPRESSUM

Ilya Ponomarenko
Große Wallstr 27
06108 Halle (Saale)

Projekt: www.Kind-Mitmachbuch.de
info@kind-mitmachbuch.de

1. Auflage 2024

Bibliografische Information der Deutschen Nationalbibliothek:

Die Deutsche Nationalbibliothek verzeichnet diese Publikation in der Deutschen Nationalbibliografie; detaillierte bibliografische Daten sind im Internet über http://dnb.d-nb.de abrufbar.

Illustration: Midjourney Ai | Canva
Buchsatz & -Layout: Valentina Voicu | www.fiverr.com/parentingcreati

Herausgegeben von Kind Mitmachbuch Projekt
Projekt: www.Kind-Mitmachbuch.de

KIND
MITMACHBUCH

Поздравляем!

СЕРТИФИКАТ

для

____

Спасибо за то, что ты вместе с нами продемонстрировал героическую стойкость в этом великом путешествии мелкой моторики.

Дата:

____

С уважением,
Марк и Джек!

SCHWUNGÜBUNGEN

SCHWUNGÜBUNGEN

SCHWUNGÜBUNGEN

SCHWUNGÜBUNGEN

SCHWUNGÜBUNGEN

Printed in Poland
by Amazon Fulfillment
Poland Sp. z o.o., Wrocław

36201628R10072